Lassy Mbouity

Histoire de la République du Congo

Table des Matières

Introduction

Contexte Historique

Royaume de Kongo

Fondation du Royaume

Les Portugais et le Christianisme

Rivalités royales

Kongo sous la domination du Kwilu

Division des régions du royaume

Kongo sous la domination du Nsundi

Guerre Kongo-portugaise de 1622

Retour de la domination du Kwilu

Kongo sous la domination de Kinlaza

Invasion hollandaise de Luanda et la Seconde Guerre avec le Portugal

Guerre Kongo-Soyo

Troisième Guerre Portugaise

- Bataille d'Ambuila
- Guerre civile du Kongo
- Origines de la guerre
- Après la guerre
- Bataille de Kitombo
- Armée coloniale de Luanda
- Armée de Soyo et Ngoyo
- La bataille
- Nfinda Ngula
- La paix
- Destruction de São Salvador
- Division du royaume
- Bataille de Mbidizi
- Bataille de São Salvador
- Fin de la guerre
- Rois du Royaume Kongo
- Branche Brésilienne
- La Renaissance

18ème et 19ème siècles

Structure militaire

Structure politique

Structure économique

Les peuples du Royaume Kongo

Succession matrilinéaire

Royaume de Loango

Origines du royaume

Succession royale

Administration et le Gouvernement

La Religion

Christianisme au Loango

Diaspora Vili

Liste des rois connus de Loango

Commerce Transatlantique ou Traite négrière

L'esclavage en Afrique

Colonisation Européenne et Esclavage en Afrique

Commerce triangulaire

Différentes formes d'esclavage en Afrique

Régions de la traite des esclaves

Groupes ethniques

Les disparus

Effets sur l'économie de l'Afrique

Fin de la traite négrière

Diaspora africaine

Rôle de l'Organisation des Nations Unies (ONU)

Moyen-Congo

Afrique Équatoriale Française (AEF)

Les Trois Glorieuses (1963)

L'indépendance (1960) et les Trois Glorieuses (1963)

République Populaire du Congo

Mise en place du régime

Présidence de Denis Sassou Nguesso 1

Conférence Nationale et Processus de Transition

Les années 1990 en République du Congo

Première guerre civile du Congo

Deuxième guerre civile du Congo ou guerre du 5 Juin 1997

L'affaire des Réfugiés disparus du Port fluvial (Beach) de Brazzaville

Référendum Constitutionnel de 2002

Référendum Constitutionnel de 2015

Conclusion

Peuples autochtones

Situation géographique du Congo

L'économie de la République du Congo

Transport en République du Congo

Peuples et langues du Congo

Santé en République du Congo

L'éducation en République du Congo

Introduction

La République du Congo, aussi connu comme le Congo-Brazzaville, est un pays situé en Afrique centrale. Il est bordé par cinq pays : le Gabon à l'ouest ; le Cameroun au nord-ouest ; la République Centrafricaine vers le nord ; la République démocratique du Congo à l'est et au sud ; et le Cabinda au sud-ouest.

La région a été dominée par les tribus de langue bantoue négroïdes, qui ont construit des liens commerciaux menant jusqu'au bassin du fleuve Congo. Le Congo-Brazzaville faisait autrefois partie de l'Afrique Équatoriale Française (AEF). Lors de l'indépendance en 1960, l'ancienne colonie Française est devenu la République du Congo.

La République populaire du Congo était un État marxiste-léniniste de 1970 à 1991. Les élections multipartites ont été tenues en 1992, un gouvernement démocratiquement élu avait été renversé en 1997 avec la guerre civile du Congo qui a régné pendant quelques mois.

La stabilité et le développement de la production d'hydrocarbures a fait de la République du Congo le quatrième plus grand producteur de pétrole dans le golfe de Guinée.

L'expansions des bantoues a largement déplacées et absorbées les premiers habitants de la région, les pygmées, il y a environ 1500 ans avant Jésus-Christ. Les Bakongos, un groupe ethnique bantoue qui a également occupé l'actuel Angola, Gabon et la République démocratique du Congo, a constitué la base des affinités ethniques entre ces pays. Plusieurs royaumes bantous notamment ceux du Kongo, de Loango, et Téké s'étaient construits dans le bassin du fleuve Congo.

L'explorateur portugais Diego Cão a atteint l'embouchure du fleuve Congo en 1484. Les relations commerciales ont augmenté rapidement entre les royaumes intérieurs bantous et les marchands européens qui ont échangé divers produits manufacturés et des personnes capturées à partir de l'arrière-pays. Après des siècles d'une importante plaque tournante du commerce transatlantique, la colonisation européenne du fleuve Congo a commencé à la fin du 19ème siècle.

Les zones situées au nord du fleuve Congo sont devenues sous la souveraineté française en 1880 à la suite d'un traité entre Pierre de Brazza et le roi Makoko des Tékés.

Cette colonie française est devenue connu sous le nom de Congo français, puis de Moyen-Congo en 1903. En 1908, la France a organisé la communauté de l'Afrique équatoriale française (AEF), comprenant le Moyen-Congo, le Gabon, le Tchad et l'Oubangui-Chari (République Centrafricaine).

Les Français ont désigné Brazzaville comme la capitale fédérale. Le développement économique au cours des 50 premières années de la domination coloniale au Congo était centré sur l'extraction des ressources naturelles. Les méthodes étaient souvent brutales : la construction du chemin de fer Congo-Océan (CFCO) suivant la Première Guerre mondiale a été estimée à coût d'au moins 14.000 morts.

Pendant l'occupation nazie de la France, lors de la Seconde Guerre mondiale, Brazzaville a fonctionné comme la capitale symbolique de la France libre entre 1940 et 1943.

La Conférence de Brazzaville de 1944 annonçait une période de réforme majeure pour la politique coloniale française. Le Congo a bénéficié de l'expansion d'après-guerre sur les dépenses administratives et sur les infrastructures coloniales en raison de sa situation géographique centrale au sein de l'AEF et de sa capitale fédérale Brazzaville. Il a également reçu une législature locale après l'adoption de la Constitution de 1946 qui a établi la 4ème République.

Suite à la révision de la Constitution française qui a établi la 5ème République en 1958, l'AEF était dissoute avec ses parties constituantes, dont chacun est devenu une colonie autonome au sein de la Communauté française.

Au cours de ces réformes, le Moyen-Congo est devenu la République du Congo en 1958 et a publié sa première constitution en 1959. Les antagonistes entre les pro-Opangault et les pro-Youlou avaient abouti à une série d'émeutes dans Brazzaville en Février 1959.

La République du Congo a reçu son indépendance de la France le 15 Août 1960.

Fulbert Youlou était devenu le premier président du pays jusqu'à ce que les éléments de plusieurs partis politiques rivaux eussent incité un soulèvement de trois jours appelé les trois glorieuses.

L'armée congolaise a pris en charge le pays et installé un gouvernement provisoire civil dirigé par Alphonse Massamba-Débat.

En vertu de la Constitution de 1963, Massamba-Débat a été élu président pour un mandat de cinq ans. Durant le mandat de Massamba-Débat, le régime avait adopté la doctrine du socialisme scientifique comme idéologie constitutionnelle du pays.

Le régime de Massamba-Débat avait invité plusieurs centaines de soldats de l'armée cubaine dans le pays pour former les unités de la milice de son parti et aidé son gouvernement à survivre au coup d'Etat de 1966 dirigé par des parachutistes fidèles au futur président Marien Ngouabi.

Néanmoins, Massamba-Débat a été incapable de réconcilier les différentes factions institutionnelles, tribales et idéologiques dans le pays et son régime a pris fin avec un coup d'État sans effusion de sang en Septembre 1968.

Marien Ngouabi, qui avait participé au coup d'Etat, a assumé la présidence le 31 Décembre 1968. Un an plus tard, le président Ngouabi a proclamé la République Populaire du Congo et a annoncé la formation du Parti congolais du travail (PCT). Ngouabi a survécu à une tentative de coup d'Etat en 1972, mais a été assassiné le 16 Mars 1977. Les membres du Comité Militaire du Parti (CMP) ont ensuite nommé à la tête d'un gouvernement intérimaire, Joachim Yhombi-Opango en tant que Président de la République.

Deux ans plus tard, Yhombi-Opango a été chassé du pouvoir et Denis Sassou Nguesso est devenu le nouveau président.

Sassou Nguesso a aligné le pays au bloc de l'Est et a signé un pacte d'amitié de vingt ans avec l'Union soviétique.

Au fil des ans, Sassou a dû compter sur le socialisme pour se maintenir au pouvoir.

Pascal Lissouba est devenu le premier président démocratiquement élu du Congo en 1992 au cours de la période du multipartisme qui a tenté de mettre en œuvre des réformes économiques avec le soutien du FMI pour libéraliser l'économie.

En Juin 1996, le FMI a approuvé un ajustement structurel et était sur le point d'annoncer un accord annuel renouvelé lorsque la guerre civile a éclaté en 1997.

Comme les élections présidentielles prévues pour Juillet 1997 approchaient, les tensions entre les camps Lissouba et Sassou se sont aggravés. Le 5 Juin 1997, les forces gouvernementales du président Lissouba ont encerclé la résidence de Sassou à Brazzaville.

Ainsi, commença un conflit militaire de quatre mois qui a détruit et endommagé une grande partie de Brazzaville et a causé des dizaines de milliers de morts parmi les civils.

En Octobre, le régime socialiste angolais a commencé une invasion au Congo afin d'installer Sassou Nguesso au pouvoir.

À la mi-Octobre, le gouvernement de Lissouba était anéanti. Peu après, Sassou se déclara président de la République du Congo.

Lors des élections controversées de 2002, Sassou a gagné avec près de 90% des suffrages exprimés. Ses deux principaux rivaux, Lissouba et Bernard Kolelas, ont été empêchés d'entrer au pays alors que le rival crédible était Andre Milongo, qui avait conseillé à ses partisans de boycotter les élections avant de se retirer de la course.

Une nouvelle constitution, a été adoptée par référendum en janvier 2002 et accordait le nouveaux président l'occasion de prolonger son mandat jusqu'à sept ans en introduisant une nouvelle assemblée nationale bicamérale.

À la suite des élections présidentielles, des combats ont démarrés dans la région du Pool entre le gouvernement et les rebelles dirigés par le pasteur Ntumi ; un traité de paix pour mettre fin au conflit a été signé en Avril 2003.

Sassou a également remporté l'élection présidentielle suivante en Juillet 2009.

Selon l'Observatoire congolais des droits de l'homme (OCDH), une organisation non gouvernementale, l'élection a été marquée par un taux de participation très faible et des fraudes.

En Mars 2015, le président Denis Sassou Nguesso a annoncé qu'il voulait poursuivre un autre mandat présidentiel grâce à un référendum constitutionnel en Octobre qui a entraîné le changement de la constitution de janvier 2002 et qui lui a permis d'être candidat lors de l'élection présidentielle de Mars 2016.

18

Contexte historique

L'histoire de la République du Congo a été marquée par diverses civilisations.

Les premiers habitants de la région étaient les pygmées Mbuti, dont la culture a été lentement remplacé par les tribus bantoues venant des régions du nord-ouest de l'Afrique, il y a environ 2000 ans et qui avaient introduits la culture du fer dans la région.

Les principaux peuples Bantus qui vivaient dans la région étaient les Bakongo, qui avaient établi la plupart des royaumes le long de la côte et du fleuve Congo.

La capitale du Royaume Kongo était Mbanza Kongo, plus tard rebaptisé São Salvador par les Portugais, qui était située au nord de l'Angola, près de la frontière avec la République démocratique du Congo (RDC).

L'empire englobait une grande partie de l'actuel Angola, la République du Congo et la République démocratique du Congo.

Le Kongo avait plusieurs provinces comme le Mbemba, le Soyo, le Mbamba, le Mbata, le Nsundi et le Mpangu.

Le Royaume de Loango dans le nord et le royaume de Mbundu dans le sud étaient des États voisins et amis.

Au total, le royaume avait environ 10 millions d'habitants et une superficie d'environ 1.000.000 km². Selon les traditions orales, le royaume avait été créé vers 1400, lorsque le roi Lukena Lua Nimi a conquis le royaume de Kabunga et établi Mbanza Kongo comme capitale.

Cette culture africaine est devenue mondiale avec l'arrivée des premiers explorateurs européens portugais.

Au Portugal, le roi Jean II avait brisé le contrôle vénitien et ottoman sur le commerce avec l'Orient et organisé une série d'expéditions vers le sud, le long de la côte africaine avec l'idée d'établir des contacts directs en Asie.

En 1482-1483, le capitaine Diego Cão, naviguant vers le sud du fleuve Congo, avait découvert l'embouchure de la rivière et est devenu le premier européen à découvrir le Royaume de Kongo.

L'arrivée du christianisme dans le royaume a conduit le 3 mai 1491, au baptême du roi Nzinga Nkuwu (premier roi chrétien) en João Ier.

Remplacé à sa mort en 1506 par son fils Nzinga Mbemba qui a régné comme roi Afonso I jusqu'à 1543, le christianisme a gagné une forte présence dans le pays avec de nombreuses églises construites à Mbanza dont la cathédrale Kulumbimbi (érigée entre 1491 et 1534).

En théorie, les rois du Portugal et du Kongo ont été considérés comme des égaux, échangeant des lettres en tant que tels. Le Kongo a même, pendant un période donnée, établi des relations diplomatiques avec le Vatican, afin de nommer un évêque local pour la région.

Le résultat de cette relation a été une série de révoltes contre la domination portugaise, dont la bataille d'Ambuila et la révolte dirigée par Kimpa Vita.

La bataille d'Ambuila (ou bataille de Ulanga) était le résultat d'un conflit entre les Portugais, dirigé par le gouverneur André Vidal de Negreiros et le roi du Kongo, António I.

Les congolais avaient refusé de donner des droits territoriaux supplémentaires au portugais, en raison d'un soutien pour une invasion hollandaises dans la région.

Pendant la bataille, le 25 Octobre 1665, environ 20.000 congolais se sont battus contre les Portugais, qui avaient gagné la bataille suite à la mort pendant la bataille du roi Antonio Ier.

La révolte de Kimpa Vita était une autre tentative pour regagner une indépendance du Portugal.

Baptisés vers 1684, Dona Béatrice (Kimpa Vita), était une femme religieuse qui avait reçu des visions de saint Antoine, lui ordonnant de rétablir le Royaume Kongo.

Sa révolte, au cours de laquelle elle avait occupé la capitale Mbanza Kongo, a été de courte durée. Kimpa Vita avait ensuite été capturée par les forces de Pedro IV, sous les ordres des portugais avant d'être accusé de sorcière et par conséquent brûlé vivante.

Pour de nombreux nationalistes africains, elle est la version africaine de Jeanne d'Arc et un symbole de la résistance africaine contre le colonialisme.

À la suite de toutes ces guerres, le Royaume de Loango dans le nord avait obtenu son indépendance du Kongo.

Ainsi, plusieurs nouveaux royaumes sont venus à l'existence. Permis lesquelles, le Royaume Téké, régnant sur une vaste zone englobant aujourd'hui Brazzaville et Kinshasa.

La position du Portugal en Europe a subi un changement majeur en 1580 quand les Royaumes d'Espagne et du Portugal ont été unis jusqu'en 1640, sous le roi Philippe.

Le Royaume de Kongo avait ensuite été réduite en une petite enclave, dans le nord de l'Angola, sous le règne du roi Pedro V, en 1888, acceptant finalement de devenir un vassal du Portugal.

Les Portugais ont aboli le royaume après la révolte du Kongo en 1914.

La période menant à la Conférence de Berlin a vu le nombre des grandes puissances européennes accroître leur contrôle sur le continent africain.

La montée en Europe occidentale du capitalisme et de l'industrialisation a conduit à une demande croissante des matières premières africaines comme le caoutchouc, l'huile de palme et le coton. Ceux qui ont eu ces matières premières pouvaient donc voir leur économie augmenter.

Le fleuve Congo était une cible de choix pour cette nouvelle conquête par les nations européennes.

Ainsi, la France, le roi Léopold II de Belgique et le Portugal en étroite coopération avec les Britanniques, se sont battus pour le contrôle de cette zone.

Résultant la division de l'embouchure du fleuve Congo entre le Portugal, qui a obtenu le Cabinda située sur la côte atlantique, la France qui a saisi la grande région au nord de la rivière, et le roi Léopold II sur l'embouchure du fleuve Congo.

Léopold II a obtenu le contrôle du royaume Kongo, par l'intermédiaire de sa Société

Africaine Internationale et plus tard Société Internationale Congolaise, une organisation philanthropique qui avait embauché l'explorateur britannique Henry Morton Stanley, sur la majorité du territoire du bassin du Congo.

Cela a abouti à la création de l'Etat libre du Congo, l'empire privé de Léopold II. Le 15 Novembre, 1908, le Parlement belge a annexé la colonie, le règne de Léopold II sur le Congo avait donc pris fin.

Sur la rive nord de la rivière, l'explorateur Français Pierre Savorgnan de Brazza, né dans la ville italienne de Rome en 1852 et devenu un officier de la marine française, refusa de travailler pour la Société Internationale Africaine mais avait choisi d'aidé la France dans leur conquête sur la zone située au nord du fleuve Congo.

Partant de la côte de l'océan Atlantique de l'actuel Gabon via les fleuves Ogooué et Léfini, Pierre Savorgnan de Brazza est arrivé en 1880 dans le Royaume Téké où il a signé le traité avec le roi Makoko, le 10 Septembre 1880, établissant le contrôle français sur la région et en faisant du petit village de Mfoa (actuel Brazzaville), la capitale.

L'établissement du contrôle français était difficile.

Le roi belge Léopold II a également essayé d'occuper la rive nord du fleuve Congo et envoyer Stanley dans les régions autour de Brazzaville.

Cependant, une série de révoltes contre les français, dirigée par Ma Nganga Mabiala va voir le jour.

Elle a commencé en 1892, avec l'assassinat de l'administrateur français et se termina par la mise à mort par les Français de Ma Nganga Mabiala en 1896.

La plupart des révoltes ont été le résultat de la politique française envers la population locale, à cause de l'utilisation du travail forcé.

Parce que le gouvernement français ne voulait pas dépenser trop d'argent pour sa colonie, il a permis la mise en place des sociétés concessionnaires pour exploiter les ressources de la colonie, sauf à quelques endroits stratégiques, principalement autour du fleuve Congo.

La plupart de ces entreprises ont échoué en raison d'un manque de fonds. En 1911, les parties de la colonie (Cameroun) ont été cédés à l'Empire allemand en échange de la reconnaissance allemande des droits de la France au Maroc.

La règle allemande a duré seulement cinq ans. Le Cameroun revient à la France en 1916 après la chute des forces allemandes en Afrique.

La domination française a été brutale et a conduit à plusieurs milliers de morts. La construction entre 1921 et 1934 de 511 km du Chemin de Fer Congo-Océan (CFCO) entre Brazzaville et Pointe-Noire a coûté la vie à environ 23.000 habitants africains et une centaine d'Européens. Toute résistance contre la domination coloniale française, a été brutalement réprimée.

Les premiers noms officiellement donné par la colonie, le 1er Août 1886, était le Gabon et le Congo. Le 30 Avril 1891, cette colonie a été rebaptisé Congo Français, composé du Gabon et du Moyen-Congo.

Le 15 Janvier 1910, la colonie a été à nouveau rebaptisé Afrique Équatoriale Française (AEF), en ajoutant le Tchad et l'Oubangui-Chari, aujourd'hui République centrafricaine.

Le Congo-Brazzaville a obtenu son autonomie le 28 Novembre 1958 et l'indépendance de la France le 15 Août 1960.

Le gouvernement français a décidé, par le biais d'un gouverneur général, d'organiser des élections en 1957.

La population française de l'Afrique Équatoriale était de 4.500.000 en 1950. La capitale de l'AEF était Brazzaville et celle du Moyen-Congo était Pointe-Noire.

Le maréchal Philippe Pétain se rendit en Allemagne le 22 Juin 1940, et cela a donné naissance à ce qu'on a appellé la France de Vichy.

Pétain avait auparavant refusé de continuer la guerre contre l'Allemagne sur le territoire africain aux côtés de la Grande-Bretagne. Avec l'aide d'une poignée d'administrateurs français locaux, les Britanniques et le gouvernement français libre de Charles de Gaulle a gagné une grande partie de l'Empire français.

Les politiciens tels que René Pleven, qui était devenu plus tard Premier ministre et des officiers comme le général Philippe Leclerc de Hauteclocque, le lieutenant René Amiot, le capitaine Raymond Delange, le colonel Edgar De Larminat et Adolphe Sicé, ont aidé à prendre le contrôle du territoire de l'AEF.

Dans trois jours les troupes fidèles à De Gaulle ont pris le contrôle du Tchad (le 26 Août 1940), du Cameroun (le 27 Août) et du Moyen-Congo (le 28 Août).

Brazzaville est devenue la capitale de France Libre en Afrique et gouverné en théorie par un Conseil de défense de l'Empire créé par De Gaulle, le 27 Octobre 1940.

Dans cette révolte, le gouverneur du Tchad, Félix Eboué, a joué un rôle clé. À cause de cela et de son soutien à De Gaulle, il est devenu gouverneur général de l'Afrique Equatoriale Française (AEF) en 1940, le premier noir à occuper cette position dans l'histoire coloniale française.

Né en 1884 en Guyane française, ce descendant d'esclaves africains était une figure clé avec René Pleven, dans l'organisation du gouvernement de De Gaulle pendant la Conférence de Brazzaville en 1944 et qui avait mis en place des nouvelles orientations politiques coloniales après la Seconde Guerre Mondiale.

Plusieurs politiques avaient déjà été mises en place par Eboué dans son livre intitulé "La nouvelle politique coloniale de l'AEF" en 1941.

La Conférence de Brazzaville de 1944 a conduit à l'abolition du travail forcé et à la formation du code de l'indigénat. Cela a conduit à la nouvelle constitution française de la IVe République, a approuvé le 27 Octobre 1946 et l'élection des premiers membres du Parlement franco-africain à Paris.

Pour Eboué et le nouveau gouvernement français, les habitants des colonies étaient officiellement français.

La France gravement affaibli, sous la pression des États-Unis, n'a guère eu autre choix que de changer ses politiques coloniales.

Tout en permettant certaines libertés, il brutalement réprimé toutes les activités jugées dangereuses pour le contrôle colonial français.

Le cas du syndicaliste congolais André Matsoua est un exemple.

André Matsoua peut être considéré comme le père du nationalisme congolais moderne. Son ascension montre comment, en dépit du Code de l'indigénat et de la répression brutale, les africains dans les colonies françaises ont été en mesure de mettre en place des mouvements de résistance contre la domination coloniale.

Les écoles locales dirigées par des missionnaires français, comme ailleurs en Afrique, ont constitué la base de cette montée du nationalisme africain.

André Matsoua a obtenu son éducation et des contacts avec les européens à travers l'église.

Né en 1899 à Mandzakala, il a rejoint l'administration des douanes françaises à Brazzaville en 1919 et peu après est parti pour la France où il a rejoint l'armée française afin de se battre pendant la rébellion du Maroc.

Il rentra chez lui comme un sous-officier. En 1926, il forme à Paris, une association qui a pour but d'aider les gens de sa région. Pour cela, il a obtenu le soutien de certaines sections de la société française et des éléments au sein du mouvement communiste français.

Lorsqu'en 1929, son groupe est également devenu actif au Congo, il a demandé la fin du Code de l'indigénat, en disant que les choses avaient changé.

En 1929, les Français ont dissous son association. Matsoua avec certains de ses amis ont ensuite été emprisonnés et envoyés en exil au Tchad. Cet événement avait donné naissance à des émeutes et à une campagne de désobéissance contre l'administration française durant de nombreuses années.

Cependant, Matsoua avait voyagé en France en 1935, où, sous une nouvelle identité, il continuait de mener des activités politiques.

C'est dans cette perspective qu'il a rejoint l'armée française dans la lutte contre l'invasion allemande en 1940.

Blessé, il sera de nouveau arrêté et renvoyé à Brazzaville où le 8 Février 1941, il sera condamné à travailler dans les camps pour le reste de sa vie. Il est mort dans des circonstances obscures le 13 Janvier 1942.

Ses partisans soutiennent qu'il a été assassiné, d'où la naissance du mouvement Matsouanist, principalement actif parmi les Laris, dans la région du Pool.

Le politicien congolais le plus important jusqu'en 1956 était Jean-Félix Tchicaya, qui était né à Libreville le 9 Novembre 1903 et qui était un membre de la famille royale du Royaume de Loango.

Ensemble avec le leader ivoirien Félix Houphouët-Boigny, il a formé le Rassemblement Démocratique Africain (RDA) en 1946 et en 1947, le Parti Progressiste Africain (PPA).

Le 21 Novembre 1945, Tchicaya est devenu l'un des premiers dirigeants africains élus au parlement français, lui donnant un grand prestige dans son pays natal.

Bien que Tchicaya était sur la gauche du spectre politique français, il n'a jamais fortement remis en question la domination coloniale française.

Cela a entraîné une perte d'influence du Congo, grâce à des dirigeants anti-coloniales et nationalistes comme Kwame Nkrumah du Ghana et le président Égyptien Gamel Abdel Nasser.

Seulement en s'alignant avec son ennemi le plus radical, Jacques Opangault, aux élections législatives du 31 Mars 1957 que Tchicaya pouvait continuer à jouer un rôle de premier plan dans la vie politique congolaise.

Avant l'indépendance, les français et l'Église catholique craignaient le radicalisme de Opangault et ont favorisé la montée de Fulbert Youlou, un ancien prêtre.

La défection de Georges Yambot du Mouvement Socialiste Africain (MSA) à l'Union Démocratique pour la défense d'Intérêts Africains (UDDIA), a fortement aidé Youlou à devenir Premier ministre en 1958.

Cela a conduit à la création de la République du Congo, le 28 Novembre 1958, avec Brazzaville comme capitale en remplacement de Pointe-Noire.

Le 16 Février 1959, une révolte organisée par Opangault et son MSA a éclaté dans des affrontements le long des lignes tribales entre Sudistes, soutenant Youlou, et les gens du Nord, fidèles au MSA. Les émeutes ont été réprimées par l'armée française et Opangault a été arrêté.

Au total, environ 200 personnes sont mortes. Le Premier ministre Youlou a ensuite tenu des élections, ce que Opangault avait déjà demandé mais en vain.

Les élections législatives ont été remportées par Youlou. Cependant, plusieurs hommes politiques, y compris des vétérans comme Simon Kikhounga Ngot, ont été arrêtés à cause de complot présumé. Le 12 Juillet 1960 la France a accepté que le Congo devienne totalement indépendant.

Le 15 Août 1960, la République du Congo est devenue un pays indépendant avec Fulbert Youlou comme premier président.

En Novembre 1960, Youlou a libéré Opangault, Ngot et les autres adversaires, dans le cadre d'une amnistie. En retour, les deux hommes politiques, ainsi que Germain Bicoumat, ont rejoint le gouvernement de Youlou et ont reçu des postes ministériels, détruisant efficacement toute opposition politique organisée.

Peu avant l'indépendance, un événement qui aurait une influence profonde sur le pays et ses relations avec le monde extérieur, principalement la France, avait eu lieu.

En 1957, la Société des Pétroles de l'Afrique Équatoriale Françaises (SPAEF) avait trouvé des réserves de pétrole et de gaz offshore en quantités exploitables suffisantes dans la région du Kouilou.

En 1926, les géologues français avaient déjà mis en place des structures pour la recherche du pétrole et du gaz dans le pays sans commencer l'exploitation réelle de ces réserves.

L'Algérie était jusque-là, la principale source de pétrole et de gaz du marché français. Mais après la guerre d'indépendance, la France avait perdu le pétrole saharien.

Pour demeurer indépendant, les entreprises pétrolières française ont dû chercher ailleurs leurs approvisionnements. Pour certains, la découverte du pétrole de la côte congolaise a été une bénédiction.

Pour la majorité de la population locale, c'était plutôt une malédiction.

Comme Brazzaville avait été la capitale de la grande fédération de l'Afrique équatoriale française (AEF), il y avait une main-d'œuvre importante et beaucoup de syndicats. En outre, la radicalisation ailleurs en Afrique, à la suite de la décolonisation, avait conduit à la révolte contre le régime dictatorial de Youlou.

Le 6 Août 1963, Youlou annonça la formation d'un Etat à parti unique avec un seul syndicat légal. C'est dans cette atmosphère que les syndicats vont commencer leur révolte le 13 Août. Le palais de Youlou fut assiégé le 15 par des travailleurs en colère et les Français ont refusé d'intervenir militairement. Par la suite, Youlou avait été contraint de démissionner.

Ce soulèvement est connu sous le nom populaire des Trois Glorieuses (les trois jours glorieux), nommé après la Révolution française de Juillet 1830 contre le roi Charles X. Fulbert Youlou et ses principaux partisans ont été arrêtés par les militaires et ont cessé de jouer un rôle dans la vie politique congolaise.

L'armée congolaise a pris en charge le pays et a brièvement installé un gouvernement provisoire civil dirigé par Alphonse Massamba-Débat. En vertu de la Constitution de 1963, Massamba-Débat a été élu président pour un mandat de 5 ans et a nommé Pascal Lissouba en tant que Premier ministre.

Le mandat du président Massamba-Débat a été caractérisée par un décalage vers la gauche politique qui comprenait des nationalisations et l'augmentation des liens politiques avec l'URSS et la Chine communiste. Le gouvernement Massamba-Débat a pris fin en Août 1968, lorsque le capitaine Marien Ngouabi et d'autres officiers de l'armée ont pris le pouvoir par un coup d'Etat sans effusion de sang.

Après une période de consolidation du Conseil national révolutionnaire nouvellement formé,

Ngouabi a assumé la présidence le 31 Décembre 1968.

Un an plus tard, le président Ngouabi a proclamé la République Populaire du Congo, première République Communiste d'Afrique et a annoncé la naissance du Parti Congolais du travail (PCT).

Le 18 Mars 1977, le Président Ngouabi a été assassiné. Un certain nombre de personnes ont été accusés d'avoir tiré Ngouabi avant d'être jugés et exécutés, y compris l'ancien président Alphonse Massemba-Débat.

Un Comité Militaire du Parti (CMP) de 11 membres a été nommé à la tête d'un gouvernement intérimaire avec le colonel (plus tard Général) Joachim Yhombi-Opango comme Président de la République.

Après deux ans au pouvoir, Yhombi-Opango a été accusé de corruption et de déviation des directives du parti et par la suite démis de ses fonctions le 5 Février 1979, par le Comité central du PCT, qui a ensuite désigné simultanément le vice-président et ministre de la Défense, le colonel Denis Sassou -Nguesso comme le Président par intérim.

Le Comité Central dirigé par Sassou-Nguesso avait pris en charge les préparatifs du troisième congrès extraordinaire du PCT, qui avait procédé à l'élire le nouveau président du président de la République.

En vertu d'une résolution du Congrès, Yhombi-Opango a été dépouillé de tous les pouvoirs, de son grade, et placé en détention en attendant son procès pour haute trahison. Il a été libéré de sa résidence surveillée à la fin de 1984 et est retourné dans son village natal d'Owando.

Après l'effondrement de l'Union soviétique, le Congo a terminé une transition vers la démocratie multipartite, afin de mettre fin à une longue histoire de parti unique et lancer un programme spécifique pour la conférence nationale de 1991 avec des élections législatives et présidentielles multipartites.

Sassou Nguesso avait concédé la défaite et le nouveau Président du Congo, le Professeur Pascal Lissouba, avait été élu le 31 Août 1992.

La démocratie congolaise a ensuite connu des épreuves difficiles entre 1993 et le début de 1994.

Le Président a dissous l'Assemblée nationale en Novembre 1992, appelant à de nouvelles élections en mai 1993. Les résultats de ces élections ont été contestées, ce qui a déclenché des troubles civils en Juin et en Novembre.

En février 1994, les décisions d'un conseil international des arbitres ont été acceptées par toutes les parties et les risques d'insurrection à grande échelle se calmèrent.

M. Lissouba a perdu les faveurs du gouvernement français au début de sa présidence en demandant à une société américaine (Occidental Petroleum) de fournir un soutien financier pour son gouvernement en échange de production future du pétrole.

Comme la société française Elf Aquitaine (qui a récolté une grande partie de ses bénéfices en République du Congo) avait tout récemment ouvert une grande plate-forme pétrolière en eau profonde au large de la côte de Pointe-Noire, M. Lissouba avait été contraint par les Français d'annuler tous ses contrats avec l'Occidental Petroleum.

Cependant, le progrès démocratique du Congo a déraillé en 1997. Quand les élections présidentielles prévues pour Juillet 1997 approchaient, les tensions entre les camps Lissouba et Sassou Nguesso sont montés.

En mai, une visite de Sassou Nguesso à Owando, bastion politique de Joachim Yhombi-Opango, a conduit à la flambée de violence entre leurs partisans.

Le 5 Juin 1997, les forces gouvernementales ont encerclé la maison de Sassou Nguesso dans la section du quartier Mpila à Brazzaville, dans le but d'arrêter deux hommes, Pierre Aboya et Engobo Bonaventure, qui avaient été impliqués dans des violences plus tôt. Des combats ont éclaté entre les forces gouvernementales et les combattants de Sassou Nguesso, appelé Cobras, déclenchant un conflit de 4 mois qui a détruit et endommagé une grande partie de Brazzaville.

L'Angola a soutenu Sassou Nguesso avec environ 1.000 soldats et des chars.

Ensemble, ces forces ont pris Brazzaville et Pointe-Noire dans la matinée du 16 Octobre. Lissouba a fui la capitale, tandis que ses soldats ont commencé à piller le pays.

Yhombi-Opango a soutenu Lissouba pendant la guerre, servant de chef de file de la majorité présidentielle. Mais après la victoire de Sassou Nguesso, il a fui en exil en Côte-d'Ivoire et en France.

Peu après, Sassou Nguesso se déclare président et nomma un gouvernement de 33 membres.

En Janvier 1998, le régime de Sassou Nguesso a tenu un Forum national pour la réconciliation afin de déterminer la nature et la durée de la période de transition. Le Forum, étroitement contrôlé par le gouvernement, a décidé que des élections devraient avoir lieu dans environ 3 ans et a élu un conseil législatif de transition avant d'annoncer qu'une convention constitutionnelle va finaliser un projet de constitution.

Cependant, l'éruption à la fin de 1998 des combats entre les forces gouvernementales de Sassou Nguesso et une opposition armée a perturbé le retour de la transition démocratique.

Cette nouvelle violence a également fermé le Chemin de fer Congo-Océan (CFCO) et a causé une grande destruction de l'administration dans le sud de Brazzaville et dans le Pool, la Bouenza et le Niari avec des centaines de milliers de personnes déplacées.

En Novembre et Décembre 1999, le gouvernement a signé des accords avec les représentants des groupes rebelles.

L'accord de Décembre, arbitré par le président Omar Bongo du Gabon, avait appelé à des négociations politiques inclusives entre le gouvernement et l'opposition rebelle.

Sassou a remporté les élections en 2002 avec 90% des votes. Ses deux principaux rivaux, Lissouba et Bernard Kolelas, ont été empêchés d'entrer au Congo et le rival crédible restant était André Milongo, qui avait boycotté à son tour les élections et s'était retiré de la course en raison, cause des fraudes.

Une nouvelle constitution a été approuvée en Janvier 2002, accordant au président des nouveaux pouvoirs et l'extension de son mandat à sept ans, ainsi que l'introduction d'une nouvelle assemblée bicamérale.

Le 30 Décembre, vingt partis politiques d'opposition ont publié une déclaration par le porte-parole Chistophe Ngokaka, en disant que le gouvernement de Sassou avait acheté des armes et engins militaires, en vertu de contrats signés entre Brazzaville et le gouvernement de Pékin.

Sassou a été réélu pour un nouveau mandat de sept ans lors de la prochaine élection présidentielle de Juillet 2009.

La Constitution de 2002 prévoyait une forte présence de l'exécutif, sans un premier ministre, affaiblissant le pouvoir législatif. La durée des mandats présidentiels a été portée à sept ans (avec une limite de deux mandats), et une limite d'âge de 70 ans pour les candidats présidentiels avait été créé, apparemment pour exclure les opposants politiques les plus importants de Sassou Nguesso, qui avait soit atteint cet âge ou étaient en voie de l'atteindre.

L'opposition à Sassou Nguesso avait vivement critiqué la nouvelle constitution et avait appelé les congolais à boycotter ce référendum 2002.

En vertu de la Constitution de 2002, Sassou Nguesso a été élu président et réélu en 2009. Alors que la fin du second mandat de Sassou Nguesso approchait et surtout qu'il avait passé la limite d'âge de 70 ans, le Parti congolais du travail (PCT) avait promu publiquement l'idée de remplacer la constitution 2002.

Un référendum constitutionnel a eu lieu au Congo-Brazzaville le 25 Octobre 2015, dans le but de modifier la constitution de Janvier 2002 et les règles qui concerne les mandats présidentiels.

Alors que l'opposition avait vu ces discussions comme une mauvaise intention de Sassou Nguesso pour rester au pouvoir au-delà de 2016, le PCT a fait valoir qu'une nouvelle constitution permettrait d'assurer une meilleure gouvernance. Finalement, le président Denis Sassou Nguesso a annoncé qu'un référendum serait organisé pour le projet d'une nouvelle constitution, le 25 Octobre 2015.

Le projet de constitution a été divisé en 246 articles. Il permettrait à un congolais d'être élu président à trois reprises, élimine la limite d'âge de 70 ans pour les candidats et réduit la durée du mandat présidentiel de sept à cinq ans.

Tout en éliminant la limite d'âge maximum, il réduirait l'âge minimum requis pour les candidats de 40 à 30 ans. Il ferait également créer le poste de Premier ministre en tant que chef du gouvernement, plutôt que le président.

Les modifications permettraient au président Denis Sassou Nguesso, dont le second mandat arrive à échéance en 2016, d'être candidat pour une réélection.

La période officielle de la campagne pour le référendum serait du 9 Octobre au 23 Octobre 2015.

Prenant la parole au début de la période de campagne, Raymond Mboulou, le ministre de l'Intérieur, a souligné l'importance de la campagne menée dans un climat de sociale de paix, un climat de tolérance, d'acceptation des opinions différentes, un climat qui exclut les provocations et qui conserve fondamentalement l'ordre public.

Un grand rassemblement à l'appui du référendum a eu lieu à Brazzaville le 10 Octobre. Prenant la parole lors du rassemblement, le Secrétaire général du Parti Congolais du Travail (PCT), Pierre Ngolo, avait déclaré que la marée humaine voulait simplement dire que le changement de la constitution est la volonté du peuple et que rien ne pouvait l'arrêter.

Une manifestation contre le référendum a eu lieu à Brazzaville le 20 Octobre. La manifestation avait été interdite par le gouvernement et a été dispersée par la police. Les manifestants ont érigé des barricades dans les rues et ont attaqué des postes de police. La police a tiré en l'air et a utilisé des gaz lacrymogènes pour disperser la manifestation.

Les protestations ont continué pour une deuxième journée dans la section de Makélékélé à Brazzaville le 21 Octobre, avec la mise en place des barricades en brûlant des pneus.

L'armée a été appelée et a aidé la police à disperser les manifestants.

Les adversaires du référendum avaient prévu de boycotter le vote, le considérant comme un moyen pour Sassou Nguesso de rester au pouvoir.

Pendant ce temps, François Hollande, le Président de la République Française, avait déclaré que le président Denis Sassou Nguesso pouvait consulter son peuple car cela fait partie de son droit et que le peuple devrait répondre.

Comme la période de campagne officielle tirait à sa fin, l'opposition a décidé de ne pas organiser des manifestations le 23 Octobre.

Paul-Marie Mpouele, chef d'une coalition de l'opposition, le Front Républicain pour le Respect de l'Ordre Constitutionnel et la Démocratie (FROCAD), avait exhorté les congolais à s'opposer au référendum, mais également à s'abstenir de violence.

Pendant ce temps, les forces de sécurité avaient encerclé la maison de Guy Brice Parfait Kolelas, le chef opposant du Mouvement Congolais pour la Démocratie et le Développement Intégrale (MCDDI), qui avait été impliqué dans des manifestations violentes.

Lorsque le référendum a eu lieu le 25 Octobre, le taux de participation dans les villes aurait été faible, bien que le soutien pour le changement était apparemment écrasant parmi ceux qui se sont présentés pour voter.

Sassou Nguesso avait ensuite déclaré que les congolais veulent le changement afin d'avoir une constitution pour l'avenir, rejetant la demande de l'opposition. Sassou ajoute que les gens qui se sont opposés à la modification de la constitution, doivent simplement voter contre mais pas boycotter le référendum.

Le vote a eu lieu pacifiquement, sans aucun rapport de violence. Cependant, Pascal Tsaty Mabiala, le chef du principal parti d'opposition, l'Union Panafricaine pour la Démocratie Sociale (UPADS), a fait valoir le 26 Octobre que le référendum a été totalement discrédité en raison de la faible participation et que par conséquent, il devrait être annulé.

Raymond Mboulou, le ministre de l'Intérieur, a annoncé les résultats du référendum le 27 Octobre, indiquant que la proposition visant à modifier la constitution a été massivement approuvé par les électeurs, avec 92,96% de OUI. Le taux de participation a été placée à 72,44%.

Pendant ce temps, la coalition de l'opposition, le FROCAD a dénoncé le référendum et a promis la désobéissance civile jusqu'au retrait de cette nouvelle constitution.

Par conséquent, l'Assemblée nationale resterait en place jusqu'à la fin de sa durée normale de cinq ans en 2017.

La nouvelle constitution a été officiellement promulguée par le Président Sassou Nguesso, le 6 Novembre 2015.

Royaume de Kongo

Le Royaume de Kongo, Kongo dya Ntotila ou Wene wa Kongo ou encore Reino do Congo en portugais, était un royaume africain situé en Afrique centrale dans ce qui est maintenant l'Angola, le Cabinda, la République du Congo, la République démocratique du Congo et le Gabon.

A son apogée, le royaume partait de l'océan Atlantique à la rivière Kwango à l'est et du fleuve Congo dans le nord à la rivière Kwanza dans le sud. Le royaume se composait de plusieurs provinces gouvernées par le Manikongo, la version portugaise du titre de Mwene Kongo, ce qui signifie seigneur ou souverain du Royaume Kongo.

Le royaume a existé en grande partie de 1300 à 1891 comme un État indépendant et de 1891 à 1914 en tant que vassal du Royaume du Portugal. En 1914, la monarchie a été aboli après la victoire portugaise contre une révolte Kongo.

Les territoires restants du royaume ont été assimilées dans la colonie de l'Angola. La secte Bundu a favorisée la relance du royaume par la sécession de l'Angola, la République du Congo, la République démocratique du Congo et du Gabon.

Les traditions verbales au sujet de l'histoire du Royaume Kongo ont été mis par écrit pour la première fois à la fin du 16ème siècle, les plus complets ont été enregistrés dans le milieu du 17ème siècle, y compris celles écrites par le missionnaire italien Giovanni Cavazzi da Montesarchio. Des recherches plus détaillées dans les traditions orales modernes, d'abord menée au début du 20ème siècle par des missionnaires comme Jean Cuvelier et Joseph de Munck ne semblent pas se rapporter à la période d'origine.

Selon la tradition Kongo, l'origine du royaume se trouve dans le pays riche de Mpemba Kasi, situé au sud de Matadi en République démocratique du Congo. Une dynastie des souverains de ce petit système politique a construit des villes le long de la vallée du Kwilu avec Nsi Kwilu comme capitale.

Les traditions du 17ème siècle font allusion à ce lieu sacré. Selon le missionnaire Girolamo da Montesarchio, un italien qui a visité cette région de 1650 à 1652, le site de Mpemba Kasi s'appelait Kongo.

En 1375, Nimi Nzima, le dirigeant de Mpemba Kasi, a fait une alliance avec Nsaku Lua, chef du Mbata-Uni. Cette alliance a permis de garantir que chacun des deux alliés aiderait à assurer la succession cette lignée sur le territoire de chacun.

Fondation du Royaume

Le premier roi du Royaume de Kongo Dya Ntotila était Lukeni lua Nimi (1380 à 1420). Le nom Nimi a Lukeni a apparu dans les traditions orales plus tard et quelques historiens modernes, notamment Jean Cuvelier, l'a largement popularisé. Lukeni lua Nimi ou Nimi Lukeni, est devenu le fondateur du Royaume Kongo quand il a conquis le royaume du Mwene Kabunga (ou Mwene Mpangala), qui se trouvait sur une montagne. Il a transféré sa capitale sur cette montagne, mongo dia Kongo ou montagne du

Kongo et a fait de Mbanza Kongo, le centre administratif.

Les dirigeants qui ont suivi Lukeni ont tous affirmé qu'une certaine forme de relation avec sa lignée et étaient connus comme les Kilukeni. Le kanda Kilukeni ou maison, était enregistré dans les documents portugais sans opposition jusqu'à 1567.

Après la mort de Nimi Lukeni, son frère, Mbokani Mavinga, a repris le trône et régna jusqu'à environ 1467.

Il avait deux femmes et neuf enfants. Son règne a vu une expansion du Royaume de Kongo pour inclure l'état voisin de Loango et d'autres domaines maintenant entouré par la République du Congo.

Le Mwene Kongo a souvent les gouverneurs parmis les membres de sa famille ou ses clients. Comme cette centralisation s'est accrue, les provinces alliées ont progressivement perdu de l'influence jusqu'à ce que leurs pouvoirs soient seulement symbolique.

La forte concentration de la population autour de Mbanza Kongo et sa périphérie a joué un rôle crucial dans la centralisation du Kongo. La capitale était une zone densément peuplé dans une région par ailleurs peu peuplée où la densité de la population rurale ne dépassait pas 10 personnes par kilomètre carré. Les premiers voyageurs portugais décrivent Mbanza Kongo comme une grande ville à la taille de la ville portugaise d'Évora en 1491.

À la fin du 16ème siècle, la population du Kongo était probablement près d'un demi millions de personnes dans une région de 130.000 kilomètres carrés. Au début du 17ème siècle, la capitale avait une population d'environ 100 000 habitants, soit près de 20% de la population du royaume.

Cette concentration a permis de créer des ressources, des soldats et des denrées alimentaires excédentaires disponible à la demande du roi. Cela a rendu le roi extrêmement puissant et a permis au royaume de devenir très centralisé.

Au moment du premier contact enregistré avec les Européens, le Royaume Kongo était un état très développé avec un réseau commercial étendu grâce aux ressources naturelles, l'ivoire, la fabrication des produits en métal ferreux, au tissu de raphia et à la poterie.

Le Kikongo était la langue nationale du peuple Kongo.

Les régions de l'Est, en particulier la partie de Mumbwadi, ont été particulièrement célèbre pour la production de tissu.

Portugais et le Christianisme

En 1483, l'explorateur portugais, Diego Cão, remonta la rivière inexplorée du Kongo pour devenir le premier européen à visiter le Royaume Kongo.

Au cours de sa visite, Cão a laissé ses hommes au Kongo et a emmené de nobles du Kongo au Portugal.

C'est dans cette perspective que le roi Nzinga Nkuwu s'était converti au christianisme.

En effet, Cão est retourné au royaume avec des prêtres et des soldats catholiques en 1491, baptisant Nzinga Nkuwu ainsi que plusieurs nobles.

Nzinga Nkuwu a pris le nom chrétien de João I en l'honneur du roi du Portugal de l'époque, João II.

João I a régné jusqu'à sa mort en 1506 et a été remplacé par son fils Afonso Mvemba Nzinga, qui avait fait face à un sérieux défi de son demi-frère, Mpanzu Kitima.

Le roi a vaincu son frère dans une bataille menée à Mbanza Kongo. Afonso, envoyé au Portugal en 1506, a réussi de gagner la bataille grâce à l'intervention d'une vision céleste de Saint-Jacques et de la Vierge Marie.

Inspiré par ces événements, il a ensuite conçu un blason pour le Kongo, qui avait ensuite été utilisé par tous les rois sur les documents officiels jusqu'en 1860. Alors que le roi João I est plus tard revenu à ses croyances traditionnelles, Afonso I avait établi le christianisme comme religion d'état de son royaume.

Le Roi Afonso I a travaillé pour créer une version viable de l'Eglise catholique romaine au

Kongo, prévoyant son revenu des actifs et de la fiscalité royale qui ont fourni des salaires pour ses travailleurs.

Avec des conseillers portugais comme Rui Aguiar, l'aumônier royal portugais envoyé pour aider le développement religieux du Kongo, Afonso a créé une version syncrétique du christianisme, effaçant une partie de sa culture pour le reste de l'existence du royaume.

Les enseignants des écoles du Kongo étaient à la base de ce système. Recrutés dans la noblesse et formés dans les écoles du royaume, ils ont fourni l'instruction et les services religieux à la population du Kongo.

Dans le même temps, ils ont permis la croissance des formes syncrétiques du christianisme qui incorporaient des idées religieuses plus anciennes. Les exemples sont l'introduction des mots kikongo pour traduire les concepts chrétiens. Les mots kikongo ukisi (qui signifie charme, mais utilisés pour signifier sainte) et nkanda (qui signifie livre) ont été fusionnées de sorte que la Bible chrétienne est devenue connu sous le nom de ukisi nkanda.

L'église est devenue connue sous le nom Nzo un ukisi. Cependant, certains membres du clergé européens avaient souvent dénoncé ces traditions mixtes.

Une partie de la mise en place de cette église a été la création d'un sacerdoce fort et à cette fin, le fils du roi Afonso, Henrique, avait été envoyé en Europe afin d'être éduquer.

Henrique est devenu un prêtre en 1518 et a été nommé évêque de Utica (un diocèse de l'Afrique du Nord, récemment récupéré par les musulmans). Il est retourné au Kongo au début des années 1520 pour lancer la nouvelle église du Kongo. Il est mort en 1531 alors qu'il était sur le point d'aller en Europe pour suivre des études.

Aujourd'hui, le catholicisme romain est la plus grande religion en Angola, la section lusophone- de l'ancien Royaume Kongo

Rivalités royales

Le Royaume de Kongo était devenu une source majeure d'esclaves pour les commerçants portugais et d'autres puissances européennes. L'Atlas Cantino de 1502 mentionne le Kongo comme source d'esclaves pour l'île de São Tomé. L'esclavage a existé au Kongo avant l'arrivée des Portugais et les premières lettres de Afonso montre les preuves des marchés d'esclaves. Ils montrent également l'achat et la vente d'esclaves dans le royaume et ses comptes sur la capture d'esclaves qui ont été vendus à des marchands portugais. Il est probable que la plupart des esclaves exportés vers le Portugal aient été captifs de la guerre d'expansion. En outre, les guerres d'asservissement ont permis à Afonso de consolider son pouvoir dans les régions méridionales et orientales frontalières.

Malgré l'influence de cette activité au sein de son royaume, Afonso croit que la traite des esclaves doit être soumise à la loi Kongo. Dès qu'il soupçonne les Portugais de recevoir des personnes asservies illégalement, il écrit au roi

João III du Portugal en 1526, le suppliant de mettre un terme cette pratique. En fin de compte, Afonso avait décidé de créer un comité spécial pour déterminer la légalité pour l'asservissement de ceux qui ont été vendus.

Une caractéristique commune de la vie politique dans le Royaume de Kongo était la lutte pour la succession au trône.

Cependant, une grande partie de l'histoire sur la façon dont ces luttes ont eu lieu après la mort de Afonso à la fin de 1542 ou au début de 1543, est connu.

Ceci est en grande partie due à une enquête détaillée, menée par des fonctionnaires en 1550 et qui se retrouve dans les archives du Portugal. Dans ces enquêtes, on peut voir que Diego Nkumbi Mpudi renverse Pedro Nkanga Mvemba en 1545. Bien que les factions se sont placés dans l'idiome de la famille, en utilisant la lignée ou Kanda en Kikongo, ils ne sont pas formés strictement le long des lignes de l'hérédité parce que les familles étaient souvent des factions distinctes. Les nobles et les membres du conseil royal détenaient les titres par nomination des gouvernorats provinciaux.

Le Roi Diego I a fait remplacer ses concurrents retranchés après avoir été couronné en 1545. Il a ensuite fait face à une conspiration majeure dirigée par Pedro I, qui avait trouvé refuge dans une église.

Cependant, Diego a fait mener une enquête sur le terrain, dont le texte a été envoyé au Portugal en 1552 et nous donne une excellente idée sur la façon dont les conspirateurs espéraient renverser le roi en incitant ses partisans à l'abandonner.

Les problèmes ont également surgi entre Diego et les colons portugais à Sao Tome. Selon un traité (Tomistas) entre le Kongo et le Portugal, les premiers européens étaient dans le royaume pour le commerce d'esclaves. Cela signifiait que les Portugais étaient limitées. Chaque année, le Tomistas viendrait avec 12 à 15 navires pour ramener entre 400 et 700 esclaves au Portugal.

Ensuite, les capitaines portugais tentaient de surcharger leurs cargaisons, ce qui entraînait des révoltes régulières.

Cependant, le facteur qui a fait rompre l'accord du Tomista était l'achat des esclaves Batékés sans le consentement du Manikongo.

Exaspéré par cette rupture de contrat, le roi Diego va rompre ses relations avec les Européens en 1555 et expulsé 70 portugais de son royaume (dont beaucoup avaient déjà vécu pendant des années et avaient même des femmes africaines et des enfants métis).

La tentative du roi à pacifier le royaume agité de Ndongo en 1556 avait encouragé l'indépendance de ce dernier. Malgré ce revers, il a bénéficié d'un long règne qui a pris fin à sa mort en 1561.

Le successeur du roi Diogo, dont le nom s'est perdu dans l'histoire, avait été tué par les Portugais et remplacé par son fils Afonso II qui était plus souple aux intérêts du Tomista.

Le peuple du Kongo a été furieux lors de son intronisation et a répondu avec des émeutes dans tout le royaume. De nombreux Portugais ont été tués et le port royal de Mpinda fermé aux Portugais, mettant fin à la traite des esclaves entre Kongo et le Portugal.

Le roi Afonso II avait ensuite été assassiné par son frère alors qu'il assistait à la messe. Son frère, Bernardo I a permis le boycott du commerce portugais, tout en rétablissant tranquillement les relations avec Lisbonne.

Le Roi Bernardo I avait été tué à son tour pendant la guerre contre le Yaka, en 1567. Le prochain Manikongo, Henrique I, avait aussi été entraîné dans une guerre dans la partie orientale du pays, où il avait été tué, laissant le gouvernement entre les mains de son beau-fils, Álvaro Nimi Lukeni lua Mvemba, qui a été couronné comme Álvaro I.

Le Kongo sous la domination du Kwilu

Álvaro était venu au trône en 1568. Étant originaire de la vallée du Kwilu et non pas un parent de sang de l'un des rois précédents, son règne a marqué le début de la Chambre des Kwilus. Il y avait certainement des factions qui lui étaient opposées, mais on ne sait pas précisément de qui il s'agissait.

Álvaro avait immédiatement lutter contre les envahisseurs de l'Est qui étaient en fait des rebelles ou des paysans nobles mécontents des factions rivales, appelé les Jagas.

Pour ce faire, il a décidé de demander l'aide des portugais basée à São Tomé, qui avaient envoyé une expédition sous Francisco de Gouveia Sottomaior. Dans le cadre du même processus, Álvaro a accepté de permettre aux Portugais d'établir une colonie dans sa province de Luanda, au sud de son royaume. En plus de permettre aux portugais de s'établir à Luanda, le Kongo avait fourni au portugais un soutien dans leur guerre contre le Royaume de Ndongo en 1579.

Le royaume de Ndongo était situé dans les terres de Luanda et n'avait jamais été sous le contrôle de l'administration du Kongo.

Álvaro a également travaillé dur pour occidentaliser le Kongo, introduisant progressivement les titres de style européen pour ses nobles, de tel sorte que le Mwene Nsundi est devenu le Duc de Nsundi ; le Mwene Mbamba est devenu le Duc de Mbamba ou Mwene Mpemba.

Son fils, Álvaro II Nimi Nkanga a été couronné en 1587 sous les ordres de chevalerie appelées l'Ordre du Christ.

La capitale a également été rebaptisé São Salvador en portugais au cours de cette période.

En 1596, les émissaires de Álvaro à Rome ont persuadé le pape de reconnaître São Salvador comme la cathédrale d'un nouveau diocèse qui inclurait le Kongo et le territoire portugais en Angola.

Cependant, le roi du Portugal avait obtenu le droit de nommer des évêques, ce qui serait la source de tension entre les deux pays.

Les évêques portugais dans tout le royaume étaient souvent favorables aux intérêts européens dans un moment où les relations entre le Kongo et l'Angola étaient tendus.

Ils ont refusé de nommer les prêtres, forçant le Kongo à compter de plus en plus sur les laïcs. Les documents de l'époque montrent que les enseignants laïcs (appelés Mestres dans les documents de langue portugaise) ont été payés et nommés par le royaume.

Le contrôle des revenus était vital pour les rois du Kongo puisque même les missionnaires jésuites étaient payés par le trésor royal.

En même temps, les gouverneurs de l'Angola ont commencé à étendre leurs campagnes dans des domaines du Kongo considéré comme étant libre.

Cela comprenait la région autour de Nambu Ngongo, que le gouverneur João Furtado a attaqué en 1590.

Division des régions du royaume

Álvaro I et son successeur Álvaro II étaient également confrontés à des problèmes de familles. Afin d'obtenir un soutien contre certains ennemis, ils ont dû faire des concessions aux autres. L'un des plus importants de ces concessions permettait à Manuel de Soyo, d'exercer ses fonctions pendant de nombreuses années avant 1591.

Au cours de cette même période, Álvaro II a fait une concession similaire à António da Silva, le Duc de Mbamba. António da Silva était assez fort de décider d'une succession au sein du royaume, en sélectionnant Bernardo II en 1614, avant de le mettre de côté en faveur de Álvaro III en 1615.

Ce ne fut qu'avec peine que Álvaro III a pu s'imposer en tant que le Duc de Mbamba quand António da Silva est mort en 1620. Dans le même temps, Álvaro III a créé un autre puissant seigneur et semi-indépendant à Manuel Jordão qui détenait la province du Nsundi.

Le Kongo sous la domination du Nsundi

Les tensions entre le Portugal et le Kongo ont encore augmenté lorsque les gouverneurs de l'Angola portugaise sont devenus plus agressifs. Luis Mendes de Vasconcelos, qui est arrivé en tant que gouverneur en 1617, a utilisé des groupes d'africains mercenaires appelés Imbangala pour faire une guerre dévastatrice sur le Ndongo, puis piller certaines provinces du Kongo.

Il était particulièrement intéressé à la province de Kasanze, une région marécageuse qui se trouvait juste au nord de Luanda. Beaucoup d'esclaves déportés par Luanda ont fui dans cette région. C'est pour cette raison que Mendes de Vasconcelos avait décidé qu'une action déterminée était nécessaire pour l'arrêter.

Le prochain gouverneur de l'Angola, João Correia de Sousa, a utilisé le Imbangala pour relancer une invasion à grande échelle du Kongo en 1622, après la mort de Álvaro III. João Correia de Sousa a affirmé qu'il avait le droit de choisir le roi du Kongo. Il a également été bouleversé par les électeurs du Kongo qui ont choisi Pedro II, un ancien Duc de Mbamba.

Pedro II était à l'origine le Duc de Nsundi, d'où le nom de la maison royale qu'il a créé, la Chambre des Nsundi.

João Correia de Sousa a soutenu Pedro II en abritant les esclaves fugitifs de l'Angola pendant le contrôle de Mbamba.

Guerre Kongo-portugaise de 1622

La guerre Kongo-portugaise de 1622 a commencé à cause d'une campagne portugaise contre le Kasanze Uni. L'armée a déménagé à

Nambu Ngongo, où le souverain, Pedro Afonso, a eu lieu à abriter des esclaves fugitifs. Bien que Pedro Afonso, face à une armée de plus de 20.000 hommes, avait accepté de restituer les esclaves au Portugal, l'armée a attaqué son royaume et l'a tué.

Après son succès à Nambu Ngongo, l'armée portugaise a occupée Mbamba en Novembre. Les forces portugaises ont marqué une victoire à la bataille de Mbumbi.

Là-bas, ils ont fait face à un mouvement local rapidement rassemblée et dirigé par le nouveau Duc de Mbamba, et renforcées par les forces de Mpemba. Le Duc de Mbamba et de Mpemba ont été tués lors de cette bataille.

Selon les comptes Esikongo, ils ont été mangés par les alliés Imbangala des Portugais. Cependant, Pedro II, le roi nouvellement couronné du Kongo, avec l'aide des troupes du Soyo, ont vaincue de manière décisive les Portugais lors d'une bataille menée près de Mbanda Kasi.

Les résidents portugais du Kongo, effrayés par les conséquences de l'invasion, ont écrit une lettre à João Correia de Sousa, dénonçant son invasion.

Après la défaite des Portugais à Mbandi Kasi, Pedro II a déclaré l'Angola comme ennemie officielle. Le roi a alors écrit des lettres dénonçant João Correia de Sousa au roi d'Espagne et au pape. Pendant ce temps, des émeutes anti-portugais ont éclaté dans tout le royaume et menacé la communauté marchande établie. Les portugais à travers le pays ont été désarmé et même contraints d'abandonner leurs vêtements.

Pedro, soucieux de ne pas aliéner la communauté des marchands portugais, et conscients du fait qu'ils étaient généralement restés fidèles pendant la guerre, a fait ce qu'il pouvait pour préserver leurs vies et leurs biens, ce qui a conduit certains de ses détracteurs à l'appeler Roi des Portugais.

Après la victoire du Kongo, la communauté marchande portugaise de Luanda se révolta contre le gouverneur dans l'espoir de préserver leurs liens avec le roi.

Soutenu par les Jésuites, qui venaient juste de recommencer leur mission, la communauté marchande portugaise de Luanda a forcé João Correia de Sousa à démissionner et quitter le pays.

Le gouvernement intérimaire qui a suivi ce départ a été dirigée par l'évêque d'Angola. Ils étaient très conciliant avec le Kongo et a choisi de retourner une partie des esclaves capturés par Correia de Sousa, en particulier les moins nobles capturés pendant la bataille de Mbumbi.

Quel que soit le nouveau gouvernement de l'Angola, Pedro II n'a pas oublié l'invasion et a planifiée éliminer les Portugais du domaine Kongo. Le roi a envoyé une lettre aux États généraux néerlandais, proposant une attaque militaire conjointe sur l'Angola avec une armée Kongo et une flotte hollandaise.

Il paierait les Néerlandais d'or, d'argent et d'ivoire pour leurs efforts. Comme prévu, une flotte hollandaise sous le commandement du célèbre Amiral Piet Heyn arrive à Luanda pour mener à bien son attaque en 1624.

Le plan n'a pas réussi parce que Pedro était mort et son fils Garcia Mvemba Nkanga avait ensuite été élu roi.

Le Roi Garcia I était plus indulgent envers les Portugais et avait été persuadé par leurs différents gestes de conciliation. Il ne voulait pas encourager une quelconque attaque sur l'Angola à ce moment-là, en faisant valoir qu'en tant que catholique, il ne pouvait pas s'allier avec des non-catholiques.

Retour de la domination du Kwilu

Le 17ème siècle a vu une nouvelle poussée dans la lutte politique du Kongo. Au cœur du conflit étaient deux nobles familles qui se disputaient la royauté. D'un côté du conflit se trouvait les Kwilus, qui comptait la plupart des rois nommés Álvaro. Ils ont été évincés par la famille du Nsundi, lorsque Pedro II a été placé sur le trône par les forces locales à São Salvador, probablement comme un compromis lorsque Álvaro III est mort sans héritier.

Ceci étant, la famille du Nsundi a travaillé ardemment pour placer ses membres dans tous les postes de l'empire. Soit Pedro II ou Garcia I ont réussi à obtenir Soyo des mains de Paulo, qui a tenu et appuyé la famille du Nsundi de 1625 à

1641. Pendant ce temps, Manuel Jordão, membre du Kwilu, a réussi à forcer Garcia I de fuir le royaume et placé Ambrósio I du Kwilu sur le trône.

Le roi Ambrósio ne pouvait pas ou ne voulait pas enlever Paulo de Soyo, mais a fini détruire Jordão.

Après une période marquée par des rumeurs de mobilisation de guerre et d'autres comportements perturbateurs, une grande émeute dans la capitale a entraîné la mort du roi. Ambrosio a été remplacé par Alvaro IV, le Duc de Mbamba. Le roi Alvaro IV avait seulement 11 ans à l'époque et était facile à manipuler.

En 1632, Daniel da Silva marcha sur la capitale afin de sauver son neveu de ses ennemis. A l'époque, il était sous la protection du Soyo, Paulo, Alvaro Nimi Lukeni, Nzenze Ntumba et de son frère Garcia II, Nkanga Lukeni.

Après une bataille dramatique à Soyo, le jeune roi a été restauré avec succès mais empoisonné plus tard par Alvaro V, un Kimpanzu.

Le Kongo sous la domination de Kinlaza

Après avoir mené une seconde guerre contre ses cousins, Nimi Lukeni et Nkanga Lukeni, ont assassiné Alvaro V avant de le faire remplacé par Alvaro VI en 1636.

Après la mort d'Alvaro VI en 1641, son frère avait été couronné Garcia II. L'ancienne famille du Nsundi avait été consolidé avec rival malheureux la famille du Kwilu

Garcia II a pris le trône à la suite de plusieurs crises. Un de ses rivaux, Daniel da Silva, a réussi d'obtenir la province du Soyo et l'avait utilisé comme base contre Garcia II pendant tout son règne.

En conséquence, Garcia II a été empêché de consolider son autorité. Un autre problème qui se pose au roi Garcia II était une rébellion dans la région de Dembos, qui a également menacé son autorité. Enfin, il y avait un accord conclu par Pedro II en 1622, promettant le soutien du Kongo aux Pays-Bas dans une offensive pour renverser le Portugal à Luanda.

L'invasion hollandaise de Luanda et la Seconde Guerre avec le Portugal

En 1641, les Hollandais ont envahi l'Angola et capturé Luanda, après une lutte presque sans effusion de sang. Ils ont immédiatement cherché à renouveler leur alliance avec le Kongo, qui avait eu un mauvais départ en 1624, lorsque Garcia I a refusé d'aider une attaque néerlandaise sur Luanda. Alors que les relations entre Sao Salvador et Luanda n'étaient pas mauvaises, les deux avaient bénéficié d'une paix totale, en raison des problèmes intérieurs et de la guerre contre le royaume de Matamba.

La même année, les portugais de Luanda avait conclu un accord formel avec le nouveau gouvernement et accepté de fournir une assistance militaire.

Garcia II avait éjecté presque tous les marchands portugais et luso-africains de son royaume. La colonie de l'Angola avait été déclaré ennemi une fois de plus et le Duc de Mbamba avait envoyé une armée pour aider les Hollandais. Le Néerlandais a également fourni au Kongo une aide militaire, en échange d'un paiement en esclaves.

En 1642, les Hollandais ont envoyé des troupes pour aider Garcia II contre un soulèvement des peuples de la région sud de Dembos. Le gouvernement a rapidement mis fin à la rébellion Nsala, réaffirmant l'alliance Kongo-néerlandaise. Le Roi Garcia II a payé les néerlandais en esclaves pour leurs services. Ces esclaves ont été envoyés à Pernambuco, au Brésil, où les Hollandais avaient repris au portugais une partie de la région productrice du sucre.

Une force Dutch-Kongo a attaqué les bases portugaises sur la rivière Bengo en 1643 en représailles du harcèlement portugais. Les Hollandais se sont emparés des postes portugais et ont forcé leurs rivaux de se retirer sur le fleuve Kwanza à Muxima et Masangano. À la suite de cette victoire, les Hollandais semblait perdre de l'intérêt dans la conquête coloniale de l'Angola.

Comme dans leur conquête de Pernambuco, la Compagnie hollandaise des Indes de l'Ouest avait permis aux Portugais de rester sur leurs terres.

Les Néerlandais ont cherché à s'épargner des frais de guerre, au lieu de prendre le contrôle de la colonie. Ainsi, au grand dam de Garcia, les Pays-Bas et le Portugal ont signé un traité de paix en 1643, mettant fin à la guerre.

Avec la fin des activités néerlandaises, Garcia II pouvait enfin tourner son attention sur la menace croissante du Soyo.

Guerre Kongo-Soyo

Alors que Garcia était déçu que son alliance avec les Néerlandais ne pouvait pas chasser les Portugais, il fait tourner son attention sur la menace croissante posée par la province de Soyo.

Les Soyos ont d'abord été partisans de la famille des Nsundi et de son successeur, la famille des Kinlaza.

Le Paulo avait contribué à la montée de Kinlaza au pouvoir. Cependant, Paulo est mort à peu près au même moment que Garcia est devenu roi en 1641.

Daniel da Silva de la famille du Kwilu, a pris le contrôle de la faction Kimpanzu nouvellement formée. Il prétendra que Soyo avait le droit de choisir son propre chef, bien que Garcia n'ait jamais accepté cette demande et a passé une grande partie de son règne à le combattre. Garcia n'a pas soutenu le mouvement de da Silva alors que Soyo a été l'une des provinces les plus importantes du Kongo.

En 1645, Garcia II a envoyé une force contre Daniel da Silva sous le commandement de son fils, Afonso.

La campagne a été un échec, en raison de l'incapacité du Kongo à prendre une position fortifiée sur Soyo à Mfinda Ngula. Pire encore, Afonso a été capturé pendant la bataille, forçant Garcia à engager des négociations humiliantes avec da Silva pour reconquérir la liberté de son fils.

Les missionnaires capucins italiens qui venaient d'arriver à Soyo pendant la bataille, ont aidés dans les négociations.

En 1646, Garcia a envoyé une deuxième force militaire contre Soyo, mais ses forces ont été à nouveau battu. Parce que Garcia voulait tellement occuper Soyo, il était incapable de faire un effort militaire complet pour aider les Hollandais dans leur guerre contre le Portugal.

Troisième Guerre Portugaise

Les Hollandais étaient convaincus qu'ils pouvaient éviter d'envoyer leurs forces à d'autres guerres. La Reine Njinga avait été actif contre les Portugais et les Hollandais.

Lorsque des renforts portugais ont réussi à vaincre la Reine Njinga à Kavanga en 1646, les Hollandais se sentait obligé d'être plus agressif. Les Néerlandais ont convaincu le Kongo de se joindre à eux et à la reine Njinga dans une autre entreprise contre les Portugais.

En 1647, les troupes du Kongo ont participé à la bataille de Kombi, où ils ont vaincu l'armée portugaise.

Un an plus tard, des renforts portugais du Brésil ont forcé les Néerlandais à se retirer de l'Angola en 1648.

Bien que ni le Kongo, ni l'Angola n'ait jamais ratifié le traité envoyé au roi en 1649, les Portugais ont pris le contrôle d'une province du Kongo. La guerre a permis au Hollandais de perdre leurs créances en Afrique centrale, et Nzinga refoulé dans le Matamba, les Portugais ont restauré leur position sur la côte.

Le Roi Garcia II, après avoir permis aux Portugais de prendre le contrôle sur l'île de Luanda, avait ensuite refusé les propositions commerciales du Portugal.

Bataille d'Ambuila

Le Portugal a commencé des réclamations sur les vassaux du Kongo, en particulier les pays de Mbwila, après la restauration portugaise à Luanda. Mbwila, un vassal du Kongo, a également signé un traité de vassalité avec le Portugal en 1619.

Il avait divisé sa loyauté entre la colonie d'Angola et le Kongo. Bien que les Portugais aient souvent attaqué Mbwila, ils ne l'avaient jamais soumis sous leur autorité.

Le Kongo a commencé à travailler vers une alliance espagnole, surtout après la succession de António I comme roi en 1661. Bien que le Kongo n'ait pas été clair dans ses activités diplomatiques, il se livra à l'Espagne.

Les Portugais croyaient qu'il espérait répéter l'invasion hollandaise, cette fois avec le l'aide de l'Espagne. António a envoyé des émissaires dans la région de Dembos, de Matamba et de Mbwila, en essayant de former une nouvelle alliance anti-portugaise.

Les Portugais avaient été troublé par le soutien du Kongo à des esclaves en fuite, qui avaient trouvé refuge vers le sud du Kongo en 1650.

Dans le même temps, les Portugais avançaient leur propre ordre du jour sur Mbwila qui, selon eux était un vassal. En 1665, les deux parties ont envahi Mbwila, et leurs armées rivales se sont rencontrés à Ulanga, dans la vallée de Mbanza Mbwila, la capitale du district.

Pendant la bataille d'Ambuila en 1665, les forces portugaises de l'Angola ont obtenu leur première victoire contre le Royaume du Kongo depuis 1622. Ils ont vaincu les forces du Kongo et tués

Antonio avec plusieurs de ses courtisans, ainsi que le prêtre capucin luso-africain, Manuel Roboredo (également connu sous le nom de Francisco de São Salvador), qui avait tenté d'empêcher cette guerre.

Guerre civile du Kongo

Au lendemain de la bataille, il n'y avait pas de succession claire. Le pays a été divisé entre les prétendants au trône. Les deux factions, Kimpanzu et Kinlaza, ont partitionné le pays. La période a été marquée par une augmentation des esclaves Bakongos vendus à travers l'Atlantique, l'affaiblissement de la monarchie Kongo et le renforcement du Soyo.

Au cours de ce chaos, le Kongo a été de plus en plus manipulé par le Soyo. Dans un acte de désespoir, l'autorité centrale du Kongo a appelé Luanda à attaquer Soyo en échange de diverses concessions.

Les Portugais ont envahi le comté de Soyo en 1670. Ils ont rencontré plus de succès que Garcia II, étant sévèrement battus par les forces de Soyo à la bataille de Kitombo le 18 Octobre 1670. Le royaume de Kongo est resté complètement indépendant, bien que toujours en proie à des guerres civiles, grâce à la force des colons portugais, qu'ils avaient combattu pendant longtemps. Cette défaite portugaise était assez pour mettre fin à toutes les ambitions portugaises dans la sphère Kongo jusqu'à la fin du 19ème siècle.

Les batailles entre le Kimpanzu et le Kinlaza ont continué de plonger le royaume dans un chaos. Les combats entre les deux lignées ont conduit au sac de São Salvador en 1678.

Ironie du sort, la capitale construit par le pacte de Mpemba et de Mbata a été brûlé, non pas par les nations portugaises ou les rivales africain, mais par ses propres héritiers. La ville et la zone autour de Mbanza Kongo se sont dépeuplés.

La population dispersée dans les montagnes et les forteresses des rois rivaux. Il s'agit de la Montagne de Kibangu et la forteresse de l'Águas Rosadas, une ligne fondée dans les années 1680 à partir des descendants de Kinlaza et Kimpanzu, la région de Mbula, ou Lemba et Lovota, un quartier dans le sud de Soyo qui abritait une lignée Kimpanzu dont le chef était Suzanna de Nóbrega.

Enfin, Ana Afonso de Leão a fondé sa propre communauté sur la rivière Mbidizi à Nkondo et a guidé ses frères juniors pour récupérer le pays, même si elle a cherché à réconcilier les factions hostiles.

Cependant, des dizaines de milliers de personnes fuyant le conflit ou pris dans les combats ont été déportés comme esclaves vers l'Angleterre, la France et le Pays-Bas.

Un flux humain conduit par le Royaume de Loango des marchands Vili, a été entraîné au sud de Luanda où ils ont été vendus aux portugais à destination du Brésil.

À la fin du 17ème siècle, plusieurs guerres et interventions avaient mis fin à l'âge d'or du Kongo.

Les origines de la guerre

Bien que Kongo et le Portugal avaient été partenaires commerciaux et a participé à un échange culturel au cours, l'établissement de la colonie portugaise de l'Angola en 1575 a mis la pression sur cette relation.

Le Kongo a initialement aidé le Portugal en Angola, en envoyant une armée pour sauver le gouverneur portugais Paulo Dias de Novais quand sa guerre contre le royaume africain voisin de Ndongo a échoué en 1579.

Mais par la suite que le Portugal est devenu plus fort, il a et en 1622 a rompu même la relation amicale quand une grande armée portugaise a envahi le sud de Kongo et a vaincu les forces locales à la bataille de Mbumbi.

Pedro II, roi de Kongo à l'époque, a répondu en menant personnellement une force à la bataille de Mbamba.

Il a ensuite écrit aux États généraux néerlandais, proposant une alliance avec les Hollandais pour combatre les Portugais de l'Angola. Cette alliance s'est finalement concrétisée en 1641, lorsque les forces néerlandaises ont été rejoints par l'armée de Kongo, forçant les Portugais de se retirer.

Dans les années qui ont suivi le retrait des néerlandais, les gouverneurs angolais ont cherché à se venger contre le Kongo et soutenir le commerce des esclaves avec une politique très agressive.

Le Roi António I, un monarque agressif, était en négociation avec l'Espagne pour renouveler une alliance anti-portugaise et avait aussi envoyé des ambassadeurs dans les zones de Dembos pour les convaincre à rejoindre le Kongo contre les Portugais, promettant l'aide espagnole.

Après la guerre

Le Portugal a obtenu un acte de vassalité de D. Isabel, le régent de Mbwila, mais a été incapable d'exercer une autorité réelle sur la région une fois que leurs forces avaient été retiré. En 1693, ils ont dû revenir tenter de soumettre à nouveau la région. Cette guerre civile, qui a fait rage pendant un demi-siècle et a conduit à la décentralisation du Kongo. Après la bataille, de nombreuses personnes, y compris les nobles et les membres de la famille royale, ont été capturés.

Certains d'entre eux ont été réduits en esclavage et ont traversé la mer pour la colonie portugaise du Brésil et peut-être d'autres endroits dans les Amériques. On ne sait pas ce qui est arrivé à la plupart d'entre eux.

Mais à un moment donné en 1630, les fils de la princesse Aqualtun qui a dirigé un bataillon pendant la bataille, Ganga Zumba, son frère Ganga Zona et leur soeur Sabina semblaient être réduits en esclavage dans une (plantation de canne à sucre) de engenho au Nord-Est du Brésil.

Ils ont mené une rébellion au engenho et plus tard ont formé leur propre royaume de Quilombo dos Palmares, une nation Clairs qui contrôlait de vastes zones du nord du Brésil au cours de la guerre Hollande-Portugal

Sabina enfanta un fils Zumbi qui, après avoir été capturé, a été élevé dans une église, puis échappé. Zumbi a succédé à son oncle et est devenu le roi de Palmares et le chef de la rébellion avant d'être tué en 1695 par le Bandeirantes. Son fils Camuanga lui succède à la direction de la rébellion, mais après cela, nous ne savons pas avec exactitude ce qui leur est arrivé ou à leur lignée. Zumbi est aujourd'hui considéré comme un héros national au Brésil.

Bataille de Kitombo

La bataille de Kitombo était un engagement militaire entre les forces de l'Etat du Kongo de Soyo, autrefois une province du Royaume Kongo et la colonie portugaise de l'Angola.

L'Armée coloniale de Luanda

Cette force coloniale était la plus puissante qui avait été organisée en Afrique centrale jusque-là. Elle comprenait 400 arquebusiers, un détachement rare de cavalerie, 4 canons légers, un nombre inconnu de arbalétriers et même certains navires.

L'Armée de Soyo et Ngoyo

Le prince de Soyo, Paulo da Silva, a obtenu le mot de l'invasion imminente et a préparé son armée pour y faire face. Dans un spectacle surprenant post-Mbwila, le Soyo a appelé le royaume de Ngoyo pour une assistance.

Ngoyo avait été subordonné au roi du Kongo, mais avait grandi au milieu des années 1600. Ngoyo, qui se vantait d'avoir une grande flotte, a envoyé de nombreux soldats à son voisin du sud, en prévision de l'attaque.

La bataille

Peu de détails existe sur la manière dont la bataille a été exécuté près du village de Kitombo. Il a été divisé en deux phases dont la première est la bataille de Mbidizi, un engagement cout mais sanglant au nord de la rivière en Juin et la dernière se produisant à proximité de la zone boisée appelée Nfinda Ngula en Octobre.

Nfinda Ngula

La bataille la plus célèbre a eu lieu trois mois plus tard en Octobre. Pendant l'intervalle, les deux forces ont pu panser leurs blessures.

L'armée de Soyo a utilisé ce temps pour se rééquiper avec plus d'armes de leurs alliés néerlandais.

Les forces Bakongo étaient regroupées au Nfinda Ngula, une zone densément boisée qui avait bien servi au Soyo dans leurs combats contre le Kongo lors des invasions de Garcia II. En utilisant les pièges néerlandais, les Bakongo ont attaqué les Portugais. L'armée coloniale a été complètement détruite. Les Portugais, fuyant à travers la rivière, ont été capturés.

Selon la légende, les captifs ont été offerts comme esclaves aux Pays-Bas. Son commandant est également mort dans la bataille. Le nombre de victimes parmi les forces de Soyo sont inconnus, sauf pour le prince de Soyo qui est mort pendant la bataille.

La paix

La bataille de Kitombo était une défaite humiliante pour les portugais et une aubaine pour l'état de Soyo. L'Angola portugais est resté hostile à Soyo et au Kongo dans son ensemble.

Soyo et les Kimpanzu sont devenu plus puissant dans la politique régionale, mais n'ont jamais atteint la richesse du Kongo. Le prochain prince de Soyo a utilisé les contacts des néerlandais, notamment par le biais des missionnaires capucins, pour obtenir l'intervention du pape.

Destruction de São Salvador

Le Kimpanzu a continué à gouverner le royaume en dépit de sa situation précaire. Les provinces les plus puissantes comme le Nsundi et le Mbata se séparaient et le commerce a été dérouté vers des zones plus stables tels que Soyo et Longo, à l'extérieur du Kongo.

Le roi Rafael I a été remplacé par le marquis du Nkondo, Afonso III du Kongo. Il ne régna peu de temps avant la montée du roi Daniel I. Daniel, dirigera quatre ans avant la Kinlaza. Le Roi déchu Pedro III marcha sur São Salvador avec des mercenaires Jaga, lors d'une bataille qui a tué le roi Daniel I et brûlé la plupart de la ville en 1678.

La destruction de la capitale a contraint les demandeurs des deux côtés du conflit à la règle de forteresses de montagne. Le Kinlaza se retira à Mbula tandis que le Kimpanzu à Mbamba Luvota dans le sud de Soyo.

São Salvador est devenu un lieu de pâturage des animaux sauvages. Même après sa réinstallation, la ville n'a plus jamais retrouvé son importance.

Division du royaume

Le Royaume Kongo, autrefois puissant a cessé d'exister depuis deux décennies. Le roi Pedro III a été assassiné en 1680 par Manuel de Nóbrega pour se venger de la mort de son frère, le roi Daniel I. Le roi Pedro III a été remplacé par son frère cadet, João II.

Le Roi João II a lutté sans relâche pour dominer un autre bastion de Kinlaza, de Kibangu, mais en vain. Kibangu va finalement tombée aux mains des forces de Manuel I de Kibangu.

Deux frères de Kimpanzu et Kinlaza vont par la suite renverser Manuel en 1688. Le frère aîné,

Álvaro X, vivait dans une forteresse jusqu'à sa mort en Décembre 1695.

Il a été remplacé par son frère, Pedro IV, qui superviserait la restauration de Kongo.

Pendant ce temps, Manuel de Nóbrega a utilisé la puissance de Soyo pour faire la guerre sur tous les Kinlaza, y compris la reine Ana Afonso de Leão, la matriarche de la Kinlaza.

Bataille de Mbidizi

La bataille de Mbidizi était un engagement militaire entre les forces de Soyo et ceux de la colonie portugaise de l'Angola pendant la guerre civile du Kongo. L'engagement faisait partie d'une campagne militaire pour briser le pouvoir de Soyo dans la région.

Les armées se rencontrèrent juste au nord de la rivière Mbidizi. Les Portugais ont réussi à gagner comme ils l'avaient été dans des engagements antérieurs contre le Kongo à Mbwila et Mbumbi. L'utilisation portugaise de nouvelles armes a infligé de nombreuses victimes à l'armée de Soyo.

Bataille de São Salvador

La bataille de São Salvador était un engagement militaire pendant la guerre civile Kongo qui a opposé les restes de du mouvement religieux de Dona Beatrix, contre les adeptes catholiques orthodoxes du roi Pedro IV.

Vers la fin de la guerre civile du Kongo, Dona Beatriz avait réussi à lancer un mouvement pour récupérer la capitale abandonnée de São Salvador et tenter de mettre un terme à l'effusion de sang entre les Kandas du Kongo.

Au cours de la réinstallation du Kongo, elle avait attiré le soutien de Pedro Constantino da Silva, également connu sous le nom Kibenga. Cherchant à tirer profit de ce mouvement, Kibenga a apporté son soutien.

Le Roi Pedro IV avait travaillé pour la restauration du Kongo après des décennies de guerre civile, allant même jusqu'à nommer Kibenga comme Prince du Kongo.

Lorsque Dona Beatriz a été capturé et exécuté par Pedro IV, Kibenga avait reçu la charge d'un mouvement religieux dans lequel il ne croyait pas vraiment.

Brandissant seulement une croix avec le soutien de l'église, Pedro IV marcha sur São Salvador avec une armée de 20.000 hommes contre Kibenga et ses antoniens.

Kibenga a essayé de faire appel au pardon, mais malheureusement il a été tué et décapité lors de la bataille.

Le Roi Pedro IV a poursuivi sa politique de règlement pacifique avant sa mort en 1718.

Fin de la guerre

Après ces batailles, Pedro se consacra à la réunification du Kongo dans le but de faire la paix entre le Kinlaza et le Kimpanzu. Une amnistie générale a été donnée à tous les Kimpanzu. Manuel Makasa, le plus jeune frère de Kibenga, est devenu héritier. Le roi Pedro est mort en 1718, laissant un royaume au moins partiellement réunifié avec sa capitale de retour à São Salvador. Le prince Mauel Masaka devint roi sous le nom de Manuel II de Kongo.

La paix régna plus ou moins pour les 50 prochaines années. Le trône était principalement tourné vers le Kinlaza de l'est et le Kimpanzu de l'ouest. Malgré la restauration de la monarchie, le Kongo n'a jamais retrouvé son importance économique ou politique, se désintégrant en fiefs reconnaissant le roi du Kongo, mais pas vraiment sous son contrôle.

Rois du Royaume Kongo

La section suivante est divisée en périodes basées sur la plupart des familles qui ont régné sur le Royaume Kongo.

La période pré-coloniale

Lukeni lua Nimi

Nanga du Kongo

Nlaza du Kongo

Nkuwu Ntinu de Kongo ou Nkuwu Lukeni 1450-1470

João I Nzinga Nkuwu 1470-1509

Afonso I Mvemba Nzinga 1509-1542

Pedro I Nkanga Mvemba 1542 à 1545

Jacques Ier du Kongo 1545-1561

Afonso II Mpemba Nzinga 1561- ?

Bernardo I de Kongo 1561-1566

Henrique I Nerika Mpudi 1567-1568

Awenekongo Kwilu kanda

Álvaro I Nimi Lukeni lua Mvemba 1568-1587

Álvaro II Nimi Nkanga 1587-1614

Bernardo II Nimi Nkanga 1614-1615

Álvaro III Nimi Mpanzu 1615-1622

Awenekongo de Nkanga Mvika kanda

Pedro II Nkanga Mvika 1622-1624

Garcia I Mvemba Nkanga 1624-1626

Mwenekongo de Kwilu kanda

Ambrósio I Nimi Nkanga 1626-1631

Álvaro IV Nzinga Nkuwu 1631-1636

Awenekongo de Mpanzu kanda

Álvaro V Mpanzu Nimi 1636-1636

Awenekongo de Nlaza kanda

Álvaro VI Nimi Lukeni Nzenze Ntumba 1636-1641

Garcia II Nkanga Lukeni Nzenze Ntumba 1641-1660

António I Nvita Nkanga 1661-1665

Awenekongo pendant la guerre civile de 1665

Afonso II du Kongo et Nkondo de Novembre à Décembre 1665

Álvaro VII Mpanzu Mpandu des Kinlaza 1665-1666

Álvaro VIII Mvemba Mpanzu des Kimpanzu 1666-1669

Pedro III Nsimba Ntamba des Kinlaza de Janvier à Juin 1669

Álvaro IX Mpanzu Ntivila des Kimpanzu 1669-1670

Rafael I Nzinga Nkanga des Kinlaza 1670-1673

Afonso III Mvemba Nimi des Kimpanzu 1673-1674

Daniel I Miala mia Nzimbwila des Kimpanzu 1674-1678

Awenekongo de Kibangu

Garcia III Nkanga Mvemba 1669-1685

André I Mvizi Nkanga 1685- ?

Manuel Afonso Nzinga Elenke des Kimpanzu 1685-1688

Álvaro X Nimi Mvemba Agua Rosada de l'Agua Rosada 1688-1695

Pedro IV Afonso Agua Rosada Nusamu Mvemba de l'Agua Rosada 1695-1709

Awenekongo de Lemba (Mbula) des Kinlaza

Pedro III Nsimba Ntamba 1669-1680

João Manuel II Nzuzi Ntamba 1680-1716

Mwenekongo de Mbamba Lovata des Kimpanzu

Manuel de Vuzi Nóbrega 1678 à 1715

Awenekongo après la réoccupation de São Salvador

Pedro IV Nusamu Mvemba de l'Agua Rosada 1709-1718

Manuel II Mpanzu Nimi des Kimpanzu 1718-1743

Garcia IV Nkanga Mvandu des Kinlaza de Mbula 1743-1752

Nicolau I Misaki mia Nimi des Kimpanzu 1752-1758

Afonso IV Nkanga Nkanga des Kinlaza

António II Mvita Mpanzu des Kimpanzu

Sebastião I Nkanga kia Nkanga des Kinlaza

Pedro V Ntivila Nkanga des Kimpanzu 1763-1764

Álvaro XI Nkanga Nkanga des Kinlaza de Nkondo 1764-1778

Mpasi Nkanga des Kinlaza 1778-1785

Afonso V du Kongo des Kinlaza de Nkondo 1785-1787

Álvaro XII de Kongo des Kinlaza de Nkondo 1787- ?

Aleixo I Mpanzu Mbandu

Joaquim I de Kongo 1793-1794

Henrique II Masaki ma Mpanzu 1794-1803

Garcia V Nkanga Mvemba 1803-1830

André II Mvizi Lukeni 1830-1842

Henrique III Mpanzu Nsindi Nimi Lukeni 1842-1857

Álvaro XIII du Kongo 1857-1859

Peter V du Kongo 1859-1891

Awenekongo après être devenu vassal du Portugal

Álvaro XIV du Kongo 1891-1896

Henrique IV du Kongo 1896-1901

Pedro VI du Kongo gouverné 1901-1910

Manuel Nkomba du Kongo 1910-1911

Manuel III du Kongo 1911-1914

Les Portugais ont aboli le titre de roi du Kongo suite à la révolte de 1914.

Au trône depuis 1914

Álvaro XV Afonso du Kongo 1915-1923

Pedro VII Afonso du Kongo 1923-1955

António Afonso III du Kongo 1955-1957

Isabel Maria da Gama du Kongo 1957-1962

Pedro VIII Afonso du Kongo de Septembre à Octobre 1962

Isabel Maria da Gama de Kongo 1962-1975

La branche Brésilienne

Le Quilombo dos Palmares était un royaume Kongo formé à Pernambuco, dans ce qui est maintenant le Brésil.

En 1605, des Princes et Nobles du Royaume de Kongo capturé pendant la bataille d'Ambuila étaient transporté comme des esclaves au Brésil. Après avoir échappé à l'esclavage, ils ont conservé leurs titres de noblesse.

Ils appartenaient probablement à la famille des Awenekongo du Nlaza kanda d'Antonio I.

Ganga Zumba 1630-1678

Ganga Zona 1678-1678

Zumbi Francisco 1678-1695

Camuanga 1695-?

Renaissance

Pendant près de quarante ans, le Royaume Kongo a connu plusieurs guerres civiles. Avec São Salvador en ruines, les maisons étaient des bases de Mbula (également connu sous le nom Lemba) et Kibangu.

Au milieu de toutes ces crises, une jeune femme nommée Dona Beatriz Kimpa Vita a apparu en prétendant qu'elle était possédée par l'esprit de saint Antoine. Elle a essayé de gagner la reconnaissance pour une réunification du pays. Dans un premier temps, en 1704, elle a essayé de combattre le roi Pedro IV Nusamu Mvemba qui a régné à Kibangu, à l'est de l'ancienne capitale.

Quand il l'a repoussé, elle est allée chez son rival João III Nzuzi Ntamba, sur la montagne de

Lemba (également connu sous le nom Mbula), juste au sud du fleuve Congo.

Après avoir été chassé de là, elle a décidé d'appeler ses partisans à réoccuper la capitale avec elle. Des milliers sont venus, et la ville a été repeuplé. Comme elle était devenue politiquement populaire, elle s'est impliquée dans la rivalité entre les rois, éventuellement le choix d'élire le commandant de l'armée Kibangu Pedro Constantinho da Silva comme un nouveau roi. Cependant, elle a été capturée par les partisans de Pedro IV, jugé, condamné pour sorcellerie et brûlé en Juillet 1706.

Le mouvement a continué à São Salvador, jusqu'à ce que l'armée de Pedro IV occupe la ville en 1709.

18ème et 19ème siècles

Aux 18ème et 19ème siècles, les artistes du Kongo ont commencé à faire des crucifix et d'autres objets religieux qui considérons Jésus-Christ comme un Africain.

Ces objets produits par de nombreux ateliers sur une longue période reflètent cette croyance émergente du Kongo qui était un élément central du monde chrétien, et fondamental de son histoire. La cathédrale partiellement en ruines de São Salvador était construite à l'origine pour les jésuites en 1549. Elle avait été affectueusement appelée Nkulumbimbi. Le Pape Jean-Paul II organisera une messe à cette cathédrale en 1992.

Manuel II de Kongo a succédé à Pedro IV en 1718. Manuel II régnait sur un royaume restauré jusqu'à sa mort en 1743. Cependant, le Soyo indépendant portait le statut de province pendant des années car le pouvoir de Manuel était limité. Le Nsundi au nord était également plus ou moins indépendant, bien que toujours prétendant de faire partie du plus grand royaume gouverné par une famille Kimpanzu. Même dans les parties restantes du royaume, il y avait encore des puissantes et violentes rivalités. C'est donc ainsi qu'une grande guerre a eu lieu dans les années 1730 dans la province de Mbamba.

Le successeur de Pedro IV, Garcia IV Nkanga Mvandu, a gouverné de 1743 jusqu'à la restauration en 1752. Pedro IV a requis l'adhésion de son successeur dans une branche de la faction de Kinlaza à Matadi qui avait juré fidélité à Pedro IV en 1716.

D'autres branches Kinlaza avait été développée dans le nord, à Lemba et Matari, et dans le sud le long de la rivière Mbidizi sur les terres qui avaient été gouverné par Ana Afonso de Leão.

Le système de succession en alternance a éclaté en 1764, lorsque Álvaro XI, un Kinlaza, chassa le roi Kimpanzu Pedro V et repris le trône. Pedro et son successeur à Luvata ont maintenu un tribunal distinct à Sembo, et n'ont jamais reconnu l'usurpation. Un régent du successeur de Pedro revendique le trône au début des années 1780 et pressa ses réclamations contre José I, un Kinlaza de la branche Mbidizi de la famille royale. José a remporté l'épreuve de force, combattu à São Salvador en 1781, lors d'une bataille qui impliquait 30.000 soldats du côté de José.

Pour montrer son mépris envers son rival vaincu, José a refusé de permettre aux soldats de l'autre faction de recevoir une sépulture chrétienne. Le pouvoir de José était limité, car il n'avait pas d'emprise sur les terres contrôlées par la faction

Kinlaza de Lemba et Matari, même si elles appartenaient techniquement à la même famille et il n'avait pas un pouvoir étendu sur les terres de Kimpanzu autour Luvota. Dans le même temps, les terres autour du mont Kibangu, base originale de Pedro IV, avaient été contrôlées, comme cela avait été pour l'ensemble du 19ème siècle par les membres de la famille Água Rosada, qui prétendaient être descendants à la fois du Kimpanzu et Kinlaza.

José a régné jusqu'en 1785, quand il a remis le pouvoir à son frère Afonso V (1785-1787). Le bref règne de Afonso était terminé après sa mort par empoisonnement.

Une lutte confuse a éclaté après la mort de Afonso. En 1794, le trône a fini dans les mains de Henrique I, un homme d'origine incertaine, qui a divisé la succession. Garcia V a abrogé la disposition, se proclamant roi en 1805. Il a régné jusqu'en 1830. André II, qui a suivi Garcia V, semble avoir restauré les revendications des rotations des plus âgés, comme il était de la branche nord du Kinlaza, dont la capitale était Matadi. André a régné jusqu'en 1842 lorsque

Henrique II, à partir de la (Mbidizi Valley), la branche de la même famille du sud, l'a renversé.

André, cependant, n'a pas accepté son sort et se retira avec ses disciples à Mbanza Mputo, un village juste au-delà du bord de São Salvador, où lui et ses descendants ont maintenu leurs revendications.

Le Roi Henrique II, qui est arrivé au pouvoir après avoir renversé André II, a dirigé le Kongo de 1842 jusqu'à sa mort en 1857.

En 1839, le gouvernement portugais, agissant sur la pression britannique, a aboli la traite des esclaves au sud de l'équateur. La traite des esclaves a continué jusqu'en en 1920, comme un commerce illégal d'esclaves.

Un commerce des produits de base, d'abord concentré sur l'ivoire et la cire, mais de plus en plus progressivement sur les arachides et le caoutchouc, a remplacé le commerce des esclaves. Ce commerce a révolutionné les économies et, éventuellement, la politique de l'ensemble de l'Afrique centrale.

Au lieu de la traite des esclaves, en grande partie sous le contrôle de l'Etat, des milliers, et, éventuellement, des centaines de milliers de roturiers ont commencé le transport de marchandises à partir de l'intérieur vers les ports côtiers. Ces personnes ont réussi à partager la richesse du nouveau commerce, et en conséquence, les gens connectés commercialement ont construit de nouveaux villages et obtenu des droits.

Pendant cette période, la structure sociale avait donc changé. De nouvelles organisations sociales comme Makanda, avaient émergées. Ces Makanda, des clans issus d'ancêtres communs, étaient des associations commerciales familiales. Ces clans ont fondé des chaînes de villages reliés par des liens de parenté fictive le long des routes commerciales de Boma ou sur la côte de Soyo à São Salvador, puis dans l'intérieur.

Une nouvelle tradition orale sur la fondation du royaume, souvent attribuée à Afonso I, décrit le royaume comme originaires de tous les clans et dans toutes les directions.

Les histoires de ces clans, décrivant généralement les voyages de leurs fondateurs et leurs disciples à partir d'un point d'origine commun, se sont remplacé à plusieurs reprises dans l'histoire du royaume.

En dépit de rivalités violentes, le royaume a continué d'exister indépendamment pendant le 19ème siècle. La montée des clans est devenue notable dans les années 1850, à la fin du règne de Henrique II.

En 1855 ou 1856, deux rois potentiels ont émergé pour contester la succession après la mort de Henrique II.

Álvaro Ndongo revendique le trône au nom de la faction Kinlaza de Matadi ou Matari (en ignorant l'existence du groupe d'André à Mbanza Puto), en se proclamant Álvaro XIII. De son côté, Pedro Lelo revendique le trône au nom de la faction Mbidizi du Kinlaza, à partir d'une base de Bembe. Pedro a remporté le concours grâce à l'aide portugaise. Comme André II, Álvaro XIII n'a pas accepté la défaite et a établi sa propre base à Nkunga, non loin de São Salvador.

Le soutien portugais qui avait mis Pedro V sur le trône avait un prix car quand il a été couronné en 1857, il a également juré un traité de vassalité au Portugal.

Le Portugal a gagné l'autorité nominale sur le Kongo et a même fait construire une garnison à São Salvador.

En 1866, citant des coûts excessifs, le gouvernement portugais a retiré sa garnison. Pedro a poursuivi sa règle, bien qu'il ait fait face à la rivalité des clans qui drainaient son autorité dans une grande partie du pays.

Le plus dangereux d'entre eux était Garcia Mbwaka Matu de la ville de Makuta. Cette ville avait été fondée par un homme nommé Kuvo, qui avait probablement obtenu sa richesse par le commerce, puisque lui et Garcia ont fait beaucoup de marchés ensemble.

Bien que ce fût un grand défi dans les années 1870, après la mort de Garcia en 1880, Makuta est devenu moins problématique.

Lors de la Conférence de Berlin de 1884-1885, les puissances européennes avaient divisées l'Afrique centrale en morceaux.

Le Roi Pedro V règnera pendant dix années en utilisant les Portugais pour renforcer son contrôle, en réaffirmant la position du Kongo comme vassal portugais en 1888.

Après une révolte contre les Portugais en 1914, le Portugal a aboli le titre de Roi du Kongo, mettant fin aux problèmes de succession dans le royaume.

Structure militaire

L'armée du royaume se composait de la population masculine en générale, un corps d'infanterie qui se battait avec des épées et des boucliers de protection.

Les documents portugais présentent un corps d'infanterie lourde. Le roulement d'un bouclier était également important, comme dans les documents portugais qui parlent de adagueiros (porteurs de bouclier).

Il n'existe pas des preuves qui démontre des affectations de salaires pour les soldats de l'armée du Kongo.

La majorité des soldats, peut-être jusqu'à 20 000, vivaient dans la capitale. Les petits contingents vivaient dans les grandes provinces sous le commandement des dirigeants provinciaux.

Après 1600, la guerre civile est devenue beaucoup plus fréquente que la guerre inter-étatique. Le gouvernement a institué des projets pour l'ensemble de la population en temps de guerre, mais seulement un nombre limité a effectivement été réalisés.

Beaucoup de ceux qui ne portaient pas d'armes possédaient des bagages ou des fournitures. Des milliers de femmes ont soutenues l'armée avec la formation de plusieurs mouvements. Les administrateurs devraient donner de la nourriture aux soldats deux semaines après le commencement du service. Il y avait des difficultés logistiques à cause de la taille des armées et de leur capacité à fonctionner pendant des périodes prolongées.

Certaines sources portugaises ont suggéré que le roi du Kongo avait une armée aussi grande que 70.000 soldats lors de la bataille d'Ambuila en 1665.

Les troupes ont été mobilisées et examinées le jour de la Saint-Jacques, le 25 Juillet, lorsque les taxes ont également été recueillies. Les sujets ont célébré cette journée en l'honneur de Saint-Jacques et Afonso I, dont la victoire miraculeuse sur son frère en 1509 était la signification d'une grande fête au Kongo.

Quand les Portugais sont arrivés au Kongo, ils ont utilisé des armes comme des arbalètes et des mousquets à des fins spéciales. Afonso se plaint dans une lettre de 1514, que les Portugais n'avaient pas été très efficace dans une guerre qu'il mena contre Munza, un rebelle Mbundu, l'année précédente.

En 1580, un corps de mousquetaire qui avait été soulevé au niveau local contre les résidents portugais, était une partie régulière de la principale armée Kongo.

L'armée provinciale avait des mousquetaires ; par exemple, ils ont servi contre l'armée d'invasion portugaise en 1622. Trois cent soixante mousquetaires ont servi dans l'armée du Kongo contre les Portugais lors de la bataille d'Ambuila.

Structure politique

Le village de vata, dénommé libata par les Portugais au 16ème siècle, a servi comme unité sociale de base du Kongo. Nkuluntu ou mocolunto, étaient les chefs à la tête des villages.

Deux cents personnes immigrées environ tous les dix ans et les récoltes partagées aux familles en fonction du nombre de personnes par ménage.

Les villages ont été regroupés en Wene, les petits États, dirigé par Awene (pluriel de mwene) ou mani pour les Portugais. La haute noblesse choisissait généralement ces dirigeants. Le roi a également nommé des fonctionnaires de niveau inférieur pour servir, en général pour un mandat de trois ans.

Plusieurs provinces ont fait des divisions administratives du Kongo, avec certains des États plus grands et plus complexes, tels que Mbamba, divisés en un nombre variable de sous-provinces, dont l'administration était à son tour subdivisés.

Le roi nommait le Mwene Mbamba, le Duc de Mbamba à partir de 1590. Le roi avait techniquement le pouvoir de rejeter le Mwene Mbamba, mais la situation politique complexe limitait la puissance du roi. Lorsque l'administration a donné des titres de style européen, les grands districts comme Mbamba et Nsundi étaient généralement devenus des Duchés.

Soyo, une province complexe sur la côte, est devenu un «comté», comme l'a fait Nkusu, un petit Etat.

Les familles héréditaires contrôlaient quelques provinces, notamment le duché de Mbata et le comté de Nkusu, grâce à leur statut de fonctionnaires nommés par le roi. Dans le cas de Mbata, l'origine du royaume était comme une alliance de pouvoir exercé par le Nsaku.

Le royaume du Kongo était composé d'un grand nombre de provinces. Diverses sources liste de six à quinze comme les principales. La description de Duarte Lopes, basé sur son expérience à la fin du 16ème siècle, a identifié six provinces importantes : le Nsundi dans le nord-est, le Mpangu dans le centre, le Mbata dans le sud-est, le Soyo au sud-ouest et deux provinces du sud, le Mbamba et le Mpemba.

Le roi du Kongo a également tenu plusieurs royaumes qui étaient des vassaux. Ceux-ci comprenaient les royaumes de Kakongo, de Ngoyo et de Vungu au nord de Kongo.

Les royaumes de Mbundu inclus le Ndongo (parfois mentionné comme l'Angola), le Kisama et le Matamba.

Tous ces royaumes étaient au sud du Kongo et beaucoup plus loin de l'influence culturelle du roi que les royaumes du nord.

Les hauts fonctionnaires ont choisi le Mwene Kongo ou roi qui a servi leur choix. Les électeurs variaient au fil du temps, et il n'y avait probablement jamais une liste fixe.

Mbata a souvent été considéré comme un électeur potentiel en raison de sa position constitutionnelle originale. La province de Vunda, dont les terres se trouvait près de Mbanza

Kongo, a également été souvent désigné comme un électeur et a certainement joué un rôle dans les cérémonies de couronnement.

La province de Soyo a également émis un vote lors de l'élection. Beaucoup de rois ont essayé de choisir leur successeur, mais sans succès. L'un des problèmes centraux de l'histoire du Kongo était la succession du pouvoir, et par conséquent, le pays a été perturbé par de nombreuses rébellions et révoltes.

Structure économique

La monnaie universelle du Kongo et à peu près toute l'Afrique centrale était de l'argent connu localement sous l'appellation Nzimbu. Cent Nzimbu pourrait acheter une poule, 300 une houe de jardin et 2000 une chèvre. Les esclaves, qui ont toujours été une partie de l'économie du Kongo, mais ont augmenté le commerce après le contact avec le Portugal, ont également été achetés en Nzimbu.

Un esclave pouvait être acheté (ou vendu) pour 20.000 Nzimbu mais un esclave mâle pour 30.000.

Les coquilles Nzimbu ont été ramassées sur l'île de Luanda et gardés comme un monopole royal. Les petits ont été filtrés afin que seuls les gros entrent sur le marché en tant que monnaie.

Le Kongo ne fesait pas le commerce avec l'or ou l'argent, mais des coquilles de nzimbu, souvent mis dans des pots et pourraient acheter quoi que ce soit.

Pour les gros achats, il y avait des unités standardisées comme un funda (1.000 gros obus), un Lufuku (10.000 gros obus) et un kofo (20.000 gros obus).

Le gouvernement Kongo exigeait une taxe d'entrée monétaire pour chaque villageois, qui pourrait bien avoir été payé en nature, formant la base pour les finances du royaume.

Le roi a accordé des titres et des revenus, sur la base de cette taxe. Il y avait un rapport annuel à la cour supérieure pour l'évaluation et le renouvellement.

Les gouverneurs provinciaux payaient une partie des déclarations de revenus de leurs provinces au roi.

Les visiteurs néerlandais au Kongo dans les années 1640 ont rapporté ce revenu à vingt millions d'obus de Nzimbu.

En outre, le royaume a recueilli ses propres impôts spéciaux et des prélèvements, y compris les péages sur le commerce qui passait par le royaume, en particulier le commerce du drap lucratif entre la grande région productrice de tissu Nlaza et les régions orientales appelées Mombores en kikongo.

Les recettes du royaume ont soutenu l'église, payé par les affectations de recettes en fonction du revenu royal.

Par exemple, Pedro II (1622-1624) a détaillé les finances de sa chapelle royale en spécifiant les revenus provenant de divers domaines et les revenus provinciaux. Le baptême et les frais funéraires ont également appuyé les églises locales.

Lorsque le roi Garcia II a renoncé à l'île de Luanda et ses pêcheries royales en 1651, il a changé la monnaie du royaume en tissu de raphia. Le tissu était une serviette de taille appelé Mpusu. Au 17ème siècle, 100 Mpusu pouvait acheter un esclave qui implique une valeur supérieure à celle de la monnaie de Nzimbu.

Les peuples du Royaume Kongo

Les peuples Kongo sont divisés en plusieurs sous-groupes : les Vilis, les Yombes, les Mbembes, les Sundis, et d'autres, mais partagent une langue commune, le kikongo.

Ces groupes ont beaucoup de similitudes culturelles, y compris une vaste gamme d'art sculptural. La caractéristique la plus notable du style figuratif de cette région est le naturalisme relatif de la représentation des humains et des animaux. La musculature du visage et du corps est soigneusement exprimée et une grande attention est portée aux objets de parure et à la scarification.

Une grande partie de l'art de la région a été produite pour les dirigeants politiques et sociaux tels que le roi du Kongo.

Succession matrilinéaire

Les groupes centraux bantous qui représentaient la majeure partie du royaume Kongo ont transmis le pouvoir par la succession matrilinéaire.

Royaume de Loango

Le Royaume de Loango (également Lwããgu) est un Etat africain pré-coloniale, formé au 12ème siècle dans ce qui est maintenant la partie occidentale de la République du Congo.

Situé au nord du Royaume Kongo, à son apogée l'influence du Longo s'étendait du cap St Catherine au nord du fleuve Congo.

Le Loango a exporté du cuivre sur le marché européen et a été un producteur et exportateur majeur de tissu.

L'explorateur anglais Andrew Battel a visité le Royaume de Loango en 1610 et a enregistré que le roi de ce moment était nommé Gembe ou Gymbe (forme moderne de Njimbe). Avec la mort du roi Bouiti ou Buatu en 1787, la succession d'un leadership était incertain.

Le royaume est aussi reconnu pour avoir pris part à la Conférence de Berlin (1884-1885), lorsque les puissances coloniales européennes divisaient l'Afrique centrale morceaux.

Les habitants, qui sont la lignée royale du Royaume Kongo, parlaient un dialecte kikongo du nord.

Les missionnaires qui ont visité la côte de Loango à la fin du 19ème siècle, ont souvent appelés les habitants de Loango Bafiote et leur langue Fiote. Leur nom ethnique d'aujourd'hui est Vili ou Bavili.

Ce terme est attesté dès le 17ème siècle où il était habituellement orthographié Mobili (pluriel Mobilis). Ce terme est de la forme singulière (Muvili aujourd'hui) pluralisé selon les règles des portugais.

Les origines du royaume

Le Royaume de Loango est l'une des premières sociétés bantoues organisées d'Afrique si non la première société bantoue d'Afrique. Les origines du royaume sont obscures.

La plus ancienne ville dans la région était Madingo Kayes, qui était déjà un grand centre commercial et administratif dès le premier siècle. Il y a des preuves archéologiques qui expliquent son développement jusqu'à la fin du 16ème siècles.

Le Loango ne figure pas dans les comptes de la région, ni mentionné dans les titres du roi Afonso I du Kongo en 1535, bien que Kakongo, Vungu et Ngoyo, soient ses voisins.

Il est donc sûr qu'il s'agissait d'une société bantoue qui avait une grande puissance sur la côte de l'Afrique centrale et au nord du fleuve Congo.

La première référence à Loango dans une source documentaire est une mention en 1561 par Sebastião de Souto, un prêtre Kongo, que le roi

Diogo I (1545-1561) avait envoyé pour convertir le Loango au christianisme.

Duarte Lopes, ambassadeur du Kongo au Saint-Siège à Rome en 1585, déclara que Loango est un ami du roi du Kongo et qu'il était un vassal dans le passé, qui est compatible avec les origines de Kakongo, vassal du Kongo.

Les visiteurs néerlandais ont enregistré le premier compte traditionnel de l'origine du royaume dans les années 1630. Dans leur compte tel que rapporté par le géographe Olfert Dapper, la région où Loango serait construite a été peuplée par un certain nombre de peuples bantous y compris les Mayumba, les Kilongo, les Piri et les Wansi.

Il a enregistré que le fondateur de Loango, qui se vantait originaire du district de Nzari, dans le petit royaume côtier de Kakongo, elle-même une vassale du Kongo, a triomphé de tous ses rivaux grâce à l'utilisation habile des alliances pour vaincre ceux qui l'ont opposé, en particulier les Wansa, les Kilongo et les Piri.

Une fois que cela a été effectué, une gamme de régions du nord, y compris le Docke et le Sette s'étaient soumis volontairement. Ayant réussi la conquête, le nouveau roi s'était déplacé vers le nord après avoir fondées sa capitale à Buali, dans la province de Piri (d'où le nom ethnique de Muvili).

La chronologie documentaire permet donc de dire que Njimbe était le fondateur et premier souverain mentionné dans les traditions et que cette supposition est soutenue par les traditions enregistrées autour de 1890.

Sur la base des traditions ultérieures du 19ème et 20ème siècles qui reliaient la fondation de Loango à celle de Kongo, Phyllis Martin a posé une fondation beaucoup plus tôt, au début du 15ème siècles. Elle fait valoir que l'absence de Loango dans les premiers titres du roi de Kongo est la preuve que Loango était déjà indépendant à cette époque.

La succession royale

Njimbe avait créé une règle de succession qui était en place autour de 1600, où le roi avait donné le commandement de quatre provinces du royaume aux membres de sa famille. Il s'agit des provinces de Kaye, Boké, Selage et de Kabango. Ensuite, le roi devait être choisi parmi une rotation. Quand le roi est mort, le prince de Kaye a repris la succession et si la règle avait été suivie, Boké succédera au trône.

En 1663, la décision du roi pour être baptisé comme Afonso par le prêtre capucin italien Bernardo Ungaro, avait une opposition considérable dans le royaume et même quand il est mort, un non-chrétien a repris, mais celui-ci a été lui-même renversé par un chrétien en 1665. Cette guerre civile était toujours en cours dans les années 1670.

À la suite de cette guerre civile, un certain nombre de parti chrétien ont fui vers les territoires voisins lorsque Miguel da Silva a été élu gouverneur de Ngoyo en 1682.

Lorsque Nathaniel Uring, un marchand anglais est venu à Loango en 1701, il a rapporté que le roi était mort et que le pouvoir de l'administration était entre les mains de la Reine nommé Mukundi.

Ce titre était donné à une femme avec un rôle régulier dans l'administration en tant que surveillante des affaires féminines.

Plusieurs années écoulées avant que nous ayons un autre gouvernement de Longo. Pendant ce temps, les règles de succession, qu'elles soient formelles ou informelles, semblaient avoir changées.

Quand les missionnaires français dirigés par l'abbé Liévin-Bonaventure Proyart sont venus à Loango en 1766, ils ont noté qu'il n'y avait pas de succession claire au trône et que toute personne née d'une princesse (seule succession féminine comptait) pouvait aspirer au trône.

Par ailleurs, la mort d'un roi était la cause d'un long interrègne. La décision du roi en 1766 était arrivé au pouvoir seulement après un interrègne de sept ans, au cours de laquelle les affaires du pays étaient gérées par un ministre appelé Mani Boman.

Le Mani Boman a été nommé par le roi au cours de sa vie. Habituellement, les deux ont été nommés pour couvrir l'éventualité de la mort de l'un. Ils ont, à leur tour reçu les pétitions d'un certain nombre de candidats éligibles pour le trône.

Finalement, les électeurs du royaume, qui étaient ceux qui ont tenu les bureaux nommés par le roi défunt, se sont réunis pour décider du prochain roi.

En théorie, comme l'ancienne constitution est maintenue, le roi a nommé son successeur et l'a placé en tant que dirigeant de Kaye, pour lui succéder à sa mort. Mais comme il y avait tellement d'affirmation quant à qui devrait occuper le poste, le feu roi est mort sans nommer un Ma-Kaye.

L'historien Phyllis Martin soutient que le commerce extérieur du pays avait enrichi certains membres de la noblesse avant les autres et qu'il avait ainsi fait pression sur la constitution des plus vieux au détriment des princes.

Elle fait valoir que les membres importants du conseil étaient des gens qui avaient obtenu leurs positions par le contact avec le commerce extérieur, en particulier la traite des esclaves et qu'ils étaient venus partager le pouvoir avec le roi.

Elle postule que cette modification de puissance relative a permis au conseil de dominer le roi en le forçant de rester au pouvoir pendant longtemps. En fait, après la mort du roi Bouiti ou Buatu en 1787, aucun roi a été élu pendant plus de 100 ans.

Cependant, dans une certaine mesure, l'autorité royale est restée dans les mains d'une personne qui a le droit de Nganga Mvumbi (prêtre du cadavre) et qui a supervisé le corps du roi mort en attendant l'enterrement.

Plusieurs de ces Nganga Mvumbi succédèrent à la fin des 18ème et 19ème siècles.

L'Administration et le Gouvernement

En théorie, les rois de Loango avaient un pouvoir absolu et même divin. En 1600, le roi a nommé un certain nombre de gouverneurs de province, en les choisissant parmi sa propre famille.

La description de Olifert Dapper du Gouvernement en 1640 est la seule disponible.

Les districts situés plus loin ont été généralement gouvernés par leur propre élite et ont suivi leurs propres règles, mais ont été supervisées par des fonctionnaires de la cour.

Mayumba, Dingy et Chiloangatiamokango, par exemple ont été supervisées par les nobles nommés par la cour, tandis que Gobby était pas sous supervision royale.

Dans le quartier central, chaque village ou quartier a été gouverné par un noble nommé par le roi, et en plus il y avait un nombre important de conseillers, également nommés par lui.

Les rapports sur le gouvernement au dix-huitième siècle montrent peu de changement dans la théorie du gouvernement de Longo.

Le despotisme royal avait encore la sensation de droit divin, et son pouvoir religieux était considérable. Les gens libres dans le pays ont été obligés de payer des impôts, l'étendue des terres qu'ils cultivaient, le nombre d'esclaves qu'ils possédaient et le bétail qu'ils possédaient.

Les fonctionnaires régis au niveau provincial et le village Royal ont recueilli des impôts et effectués des tâches judiciaires au nom du roi.

Ils surfacturé parfois les taxes, en prenant quatre chèvres par exemple, quand ils ont seulement été censés recueillir trois. Le conseil royal avait un certain nombre de bureaux. Magovo et son associé Mapouto étaient en charge des affaires étrangères, Makaka était le ministre de la guerre et le commandant de l'armée, Mfouka était le ministre du commerce, et Makimba était le grand maître des eaux et forêts, ainsi que plusieurs autres. Chaque ministre à son tour utilisé un certain nombre d'esclaves pour mener à bien leurs tâches.

Le roi a pris un vif intérêt dans l'administration de la justice. Une grande partie de son temps a été consacrée à l'audition des cas et le règlement des différends, bien que l'abbé Proyart, qui a enregistré ces institutions croyaient que les fonctionnaires royaux, agissant au nom du roi, abusait souvent et ont fait trop de demandes, infligeant des troubles et la désolation dans toutes les provinces.

Religion

En 1600, des visiteurs néerlandais ont laissé une description détaillée de la religion de Loango, tel que rapporté par Olfert Dapper. Ils ont noté que les habitants de Loango croyaient en Dieu, qu'ils appelaient Sambian Ponge (Nzambi Mpungu en Kikongo ou Vili).

Par exemple, il y avait diverses opinions sur le sort de ceux qui étaient morts : certains détenus, ils renaissent comme dans la réincarnation, d'autres que l'âme se termine tout simplement et d'autres encore des héros.

Selon Dapper, tous les êtres divins africains étaient des manifestations du Diable. Leurs cultes principaux ont été ce qu'il a appelé la maison du diable (velt en huisduivelen) et qu'ils organisaient sous des formes diverses. Cependant, il a également noté que le Nkisi n'a été ni bon ni mauvais, mais un terme général pour tous les types de divinité.

Bien que ces divinités aient des juridictions spécifiques dans le monde naturel, ils ont également été localisée à des endroits particulier, bien qu'ils puissent voyager avec des gens.

Les prêtres ou Nganga Mokisie (en Kikongo moderne Nganga Nkisi) ont utilisé une cérémonie élaborée pour atteindre la possession par une divinité et crée ainsi une révélation continue pour identifier le protecteur d'un ménage ou d'une communauté.

Il a également fourni des descriptions de nombreux autres sanctuaires régionaux. Thiriko était dans un village du même nom ; il était un grand sanctuaire fait d'une maison en forme d'homme, qui protégeait le bien-être général du pays.

Nkisi avait une poche carrée en peau de lion rempli de coquilles, des pierres, des cloches de fer et d'autres ingrédients. Il est portable ; les voyageurs et les marchands portaient une telle poche avec eux sur leurs voyages.

Dans la ville de Kiko, il y avait le Nkisi appelé Lykikoo, qui était une vaste statue en bois sous la forme d'un homme. Il a préservé les gens de Kiko de la mort.

Malemba était sous la forme d'une natte sur laquelle des paniers pleins de divers ingrédients ont été pendus et qui protégeait la santé du roi.

Autres Nkisi tels que Makongo, Mimi, Kossie, Kitouba, Kymayi, Injami, Panza, Pongo et Moanze étaient tous les sanctuaires aussi régionaux ou municipaux, y compris les états-majors sculptés, des paniers et autres objets remplis de la même sorte d'ingrédients, coquilles, cornes, matière végétale et similaires qui étaient caractéristiques de ces sanctuaires.

Christianisme au Loango

Pratiquement dès le début de son existence, Loango a eu un engagement avec le christianisme.

Diego I de Kongo a envoyé des missionnaires à Loango pendant son règne (1545-1561), ce qui a coïncidé avec l'expansion et l'indépendance de Loango.

Selon un compte rendu d'un prêtre de la cour de Diego, le roi et tout son peuple étaient convertis, comme l'a fait le frère du roi, Manilembo, un prêtre de idoles païennes.

En 1663, le prêtre hongrois capucin Padre Berdardino d'Ungheria a baptisé le roi comme Afonso et 6.000 de ses partisans. À sa mort, il y avait une guerre civile et une alternance de rois, mais le parti chrétien a été défait en 1665.

Loango a de nouveau été à la recherche du christianisme en 1773, lorsque les missionnaires français sont venus au pays.

En dépit de toutes ces tentatives, il n'a jamais été en permanence parrainée par l'église chrétienne de Loango comme au Kongo. Il y a peu de doute qu'une partie de la population était chrétienne, y compris ceux qui ont vécu près des marchands portugais.

La diaspora Vili

En 1600, les marchands Vili se rendaient à une certaine distance de leur patrie à la recherche d'opportunités commerciales.

Les premiers étaient des voyages dans les mines de cuivre de Mindouli et le territoire de Bukkameale (peut-être la vallée du Niari) où le cuivre pourrait être obtenu.

Les premiers enregistrements commerciaux néerlandais indiquent que Loango a exporté le cuivre de manière considérable sur le marché européen au cours de cette période. Loango était un important producteur et exportateur de tissu, à la fois à l'intérieur et pour les Portugais à Luanda, où des milliers de mètres de tissu de Loango ont été importés.

À la fin des années 1600 et au-delà, les marchands Vili étaient également engagés dans le commerce des esclaves.

Loango n'a pas exporté de nombreux esclaves dans la première partie de son contact avec les marchands européens mais a finalement vendu des esclaves en quantités considérables.

Alors que certains de ces esclaves ont été acquis localement, beaucoup ont été acquis auprès de diverses régions à l'intérieur. Un commerce d'esclaves au début conduit au Royaume Kongo, où les africains ont vu la possibilité d'exporter des esclaves aux marchands anglais et hollandais et éviter les taxes et les réglementations qui entravaient le marché à Luanda, contrôlé par les portugais.

La Communauté de Vili a été signalée à São Salvador, la capitale du Kongo en 1656, où certains étaient convertis au christianisme.

En 1683, ils ont opéré dans les régions de Mbundu francophones à l'est de l'Angola. Un traité avec la reine Verónica I (1683-1722) de Ndongo-Matamba a précisé qu'elle promettait de ne pas poursuivre la négociation avec eux.

Cependant, les efforts de la part du Portugal pour empêcher leurs contacts commerciaux ont échoué et les communautés Vili pouvaient être trouvés partout au Kongo et dans le Ndongo-Matamba ainsi que les régions voisines.

En plus d'acheter et de vendre des esclaves, les Vilis sont devenu impliqué dans l'industrie locale spécialisée de la transformation du fer.

Le commerce Vili s'est également étendu à l'intérieur des terres de la province Téké-Uni et les territoires au-delà du fleuve Congo.

Bien que les expéditeurs européens aient visité le Loango régulièrement, ils n'ont pas établi une présence permanente d'usines, comme cela est arrivé dans d'autres parties de l'Afrique.

Au contraire, les expéditeurs ancrés au large des côtes ont fait un arrangement avec les autorités locales, les Mafouks, qui ont réussi le commerce dans l'intérêt royal et gardé l'influence européenne directe. Les Mafouks ont également bénéficié de plusieurs arrangements et étaient parfois capables d'influencer la politique royale et le commerce.

Liste des rois connus de Loango

Il est impossible à l'état actuel des connaissances de présenter une liste exhaustive des dirigeants de Loango. Il y a des références dans la documentation laissée par les visiteurs qui peuvent aider à établir une chronologie.

"Gembe" ou "Gymbe" a été noté comme le roi lors de la visite d'Andrew Battell en 1605.

Une source anonyme néerlandaise mentionne qu'un dirigeant anonyme est mort vers 1625.

Une source anonyme néerlandaise décrit le successeur de ce roi comme le fils de sa sœur et le nomme Iemby Cambrijs. Le missionnaire capucin italien Bernardo Ungaro a baptisé un roi en 1663 comme Afonso, qui a été renversé peu après par un rival non-chrétien, qui a été à son tour remplacé par un chrétien en 1665.

Le marchand anglais Nathaniel Uring a visité Loango en 1701 et a rapporté que le roi venait de mourir et les affaires étaient dans les mains d'une femme nommée Mukundi.

Les missionnaires français qui ont visité avec l'abbé Proyart ont noté que le prédécesseur de la décision du roi sans nom était mort en 1766 et que son successeur sans nom n'a pris ses fonctions après un interrègne de sept ans (donc en 1773).

Un autre visiteur français, Degrandpré a assisté aux funérailles d'un roi sans nom en 1787.

Adolph Bastian, un ethnographe allemand a mené une expédition à Loango qui a duré de 1873 à 1876, dans son livre publié en 1874. Il a fourni la première liste des rois comme ils ont été rappelés dans la tradition orale.

Eduard Pechuel-Loesche, un membre de la même expédition a fourni une autre liste des rois dans un seul livre publié en 1907. Il a nommé le roi qui est mort en 1787 comme Bouiti ou Buati et a dit qu'il n'y avait pas eu de roi couronné depuis.

Dennett, un commerçant anglais qui est venu à la côte de Loango en 1879, mais a commencé une étude sérieuse de son histoire en 1891, a laissé une liste des rois dans un livre qu'il a publié en 1906. Il a également déclaré que ses informateurs nommés Njimbe comme le premier roi.

Phyllis Martin a compilé une liste des rois dans certaines de ces sources en 1972.

Un certain nombre d'autres rois sont nommés dans les traditions orales sans ordre chronologique.

Tati de Konde

Bouiti

Makosso

Nombo

Poati de Chibanga

Niambi

Tati

Bouiti

Makosso

Bouiti 1776-1773

Bouiti ou Poati 1773-1787

Après Bouiti, pas de souverains disponibles ont été choisis, mais un pouvoir de type royal a été exercé par le Nganga Mvumbi (prêtre du cadavre) qui était habilité à superviser le cadavre de Bouiti.

Tati

Loemba

Makosso I

Poati I

Poati II

Makosso II

Makosso III

Niambi 1874

Tati

Macosso Chikussu 1883 ?

Bouiti ?

Loemba 1898 ?

Moe Poaty I Kamangou

Ngouli N'Kama Loembe

N'Gangue M'voumbe Niambi

Après 1700

N'Gangue M'voumbe Nombo 1766

N'Gangue M'voumbe Makosso 1773-1787

Après 1800

N'Gangue M'voumbe Makosso Ma Nombo

N'Gangue M'voumbe Makosso Ma N'Sangou 1840-1885

Commerce Transatlantique ou Traite négrière

Le commerce transatlantique des esclaves ou Traite négrière a eu lieu à travers l'océan Atlantique entre les 15ème et 19ème siècles. La grande majorité des esclaves qui ont été transportés vers les quatre coins du monde, sur la route du commerce triangulaire, étaient originaires de l'Afrique centrale.

Ces africains sont devenus par le biais de la traite des esclaves, des immigrés en Amérique du Nord et du Sud avant la fin des années 1700.

Beaucoup plus d'esclaves ont été emportés vers l'Amérique du Nord et du Sud. Ce système économique des Caraïbes étaient centrées sur la production de cultures de base et la fabrication de produits et de vêtements à vendre en Europe. Cela était crucial pour les pays d'Europe occidentale qui, à la fin des 17ème et 18ème siècles, se disputaient pour créer des empires d'outre-mer.

Les Portugais furent les premiers à se livrer à la traite des esclaves au 16ème siècle.

Entre 1418 et les années 1470, le Portugal avait lancé une série d'expéditions exploratoires dans les océans afin de tracer de nouveaux territoires.

En 1526, le Portugal avait terminé son premier voyage transatlantique des esclaves d'Afrique vers les Amériques, et d'autres pays ont rapidement suivi.

Les propriétaires de navires considéraient les esclaves comme des cargaisons à transporter vers les Amériques à moindre coût, pour être vendu comme main-d'œuvre dans les plantations de café, de tabac, de cacao, de sucre et de coton, dans les mines d'or et d'argent, les champs de riz, de l'industrie immobilière, de bois pour les navires et même comme domestiques.

Les premiers africains importés vers les colonies anglaises ont été classés comme des serviteurs et aussi comme apprentis à la culture européenne.

Au milieu du 17ème siècle, les esclaves et leurs descendants étaient juridiquement la propriété de leurs propriétaires. Comme une propriété, les gens ont été considérés comme des marchandises ou des unités de travail et ont été vendus sur d'autres marchés internationaux.

Les marchands d'esclaves de l'Atlantique étaient : les Portugais, les Britanniques, les Français, les Espagnols, et l'Empire Néerlandais.

Plusieurs avaient établi des avant-postes sur la côte africaine où ils ont acheté des esclaves de dirigeants africains locaux. Ces esclaves étaient gérés par un facteur établi sur ou près de la côte afin d'accélérer l'expédition vers le Nouveau Monde.

Ces esclaves ont été maintenus dans des dépôts en attendant l'expédition. On estime actuellement à environ 60 millions d'Africains qui ont été embarqués à travers l'Atlantique, bien que le nombre acheté par les commerçants soit considérablement plus élevé.

L'esclavage en Afrique

L'esclavage a été pratiqué dans certaines régions d'Afrique, d'Europe, d'Asie et d'Amériques pendant plusieurs siècles avant le début de la traite négrière ou commerce transatlantique des esclaves.

Il est prouvé que les esclaves de certains Etats africains ont été exportés vers d'autres pays en Afrique, en Europe et en Asie avant la colonisation européenne des Amériques.

Le commerce des esclaves africains a fourni un grand nombre d'esclaves aux Européens et aux pays musulmans.

La traite atlantique n'a pas été le seul commerce d'esclaves en provenance d'Afrique, même si elle était le plus grand en volume et en intensité à travers le Sahara, la mer Rouge, à partir des ports de l'océan Indien et dans l'Atlantique.

Au moins dix siècles d'esclavage au profit des pays musulmans, quatre millions d'esclaves exportés par la mer Rouge, quatre autres millions à travers les ports swahili de l'océan Indien, neuf millions sur la route des caravanes et plusieurs millions à travers l'océan Atlantique.

Toutefois, la demande européenne des esclaves a fourni un grand nouveau marché pour ce commerce déjà existant.

Alors que ceux qui sont détenus en esclavage dans leur propre région d'Afrique pouvaient espérer échapper, ceux qui étaient expédiés loin avaient peu de chances de retourner en Afrique.

La Colonisation Européenne et l'Esclavage en Afrique

Lors de la découverte de nouvelles terres à travers leurs explorations navales, les colonisateurs européens ont bientôt commencé à migrer et s'installer en dehors de leur continent natal.

Sur la côte de l'Afrique, les migrants européens avaient envahi et colonisé les îles Canaries au cours du 15ème siècle, où ils ont converti une grande partie de la terre pour la production de vin et de sucre.

Parallèlement à cela, ils ont également des indigènes afin de les utiliser comme esclaves à la fois sur les îles et à travers la Méditerranée chrétienne.

L'Utilisation des îles Canaries en tant que base navale, européenne, au moment où les commerçants, principalement portugais, avaient commencé à déplacer leurs activités vers le bas de la côte occidentale de l'Afrique

En 1494, le roi du Portugal avait conclu des accords avec les dirigeants de plusieurs pays d'Afrique, qui permettraient les échanges entre leurs peuples respectifs.

En 1571, le Portugal, soutenue par le Royaume Kongo, a pris le contrôle de la région de l'Angola afin de garantir ses intérêts économiques.

Le commerce était basé sur plusieurs lois, par exemple, en imposant des droits de douane sur les navires étrangers.

En 1525, le roi du Kongo, Afonso I, a saisi un navire français et son équipage pour commerce illégalement sur sa côte.

Les Africains en tant que partenaires égaux, ont impliqués des termes et influence les processus mondiaux et intercontinentaux du commerce.

Les Africains avaient une grande influence sur le continent, mais ils ont eu aucune influence directe sur les compagnies maritimes européennes et américaines ou bien sur les systèmes de plantation en Amérique.

Les principales destinations pour le commerce des esclaves africains étaient les colonies des Caraïbes et le Brésil. Un peu plus de 3% des personnes esclaves exportés d'Afrique ont été négociés entre 1450 et 1600, et 16% dans le 17ème siècle.

On estime que plus de la moitié de l'ensemble du commerce des esclaves a eu lieu au cours du 18ème siècle, avec les Britanniques, les portugais et les français, devenant les plus grands expéditeurs d'esclaves à travers l'Atlantique.

Après les interdictions des États-Unis sur la traite des esclaves africains en 1800, l'esclavage représentait toujours 30% du volume total du commerce sur l'atlantique.

Commerce triangulaire

Le commerce triangulaire est un terme historique indiquant le commerce entre trois ports ou régions du monde. Le commerce triangulaire évolue habituellement quand une région a des produits d'exportation qui ne sont pas nécessaires pour la région à partir de laquelle ses importations proviennent.

Le commerce triangulaire a fourni une méthode pour redresser les déséquilibres commerciaux entre les régions.

Les itinéraires particuliers ont été historiquement façonnées par rapport à la puissance des vents et des courants. Par exemple, il était beaucoup plus facile de naviguer vers l'ouest en direction du sud, conduisant ainsi vers les Caraïbes, plutôt que d'aller directement à l'ouest sur le continent nord-américain.

Un triangle semblable à cela, appelé le volta do Mar était déjà utilisé par les Portugais, avant le voyage de Christophe Colomb vers les îles Canaries.

Le système commercial triangulaire le plus connu est le commerce transatlantique des esclaves à partir de la fin du 16ème siècle jusqu'au début du 19ème siècle.

L'utilisation d'esclaves africains était fondamentale à la croissance des cultures de rente coloniales, qui ont été exportés vers l'Europe. Les produits européens, à leur tour, ont été utilisés pour acheter des esclaves africains, qui ont ensuite été amenés vers les Amériques.

Un exemple classique est le commerce colonial de la mélasse. Le Sucre a été échangé en Europe ou en Angleterre. Les bénéfices de la vente du sucre ont été utilisés pour acheter des biens manufacturés, qui ont ensuite été expédiés vers l'Afrique, où ils ont été troqués pour des esclaves.

Les esclaves ont ensuite été ramenés dans les Caraïbes pour être vendus aux planteurs de sucre. Les bénéfices de la vente des esclaves ont ensuite été utilisés pour acheter le même sucre, qui a été livré en Europe. C'est donc un commerce en forme de triangle.

La première étape du triangle a été à partir d'un port européen en Afrique, où les navires fournissaient le cuivre, le tissu, les bijoux, les perles d'esclaves, des fusils et des munitions.

Sur la deuxième étape, les navires ont fait le voyage de la traversée de l'Afrique vers le Nouveau Monde. Beaucoup d'esclaves sont morts de la maladie dans les cales des navires négriers. Une fois que le navire a atteint le Nouveau

Monde, les survivants esclaves étaient vendus aux colonies américaines des Caraïbes.

Les navires étaient alors prêts pour recharger les marchandises à l'exportation pour un voyage de retour.

Les principales cargaisons d'exportation étaient le sucre, les boissons alcoolisées, du tabac, du chanvre…

Cependant, en raison de plusieurs inconvénients, les navires sont souvent retournés à leur port d'attache.

La forme différente des navires qui transportaient autant d'humains que possible, mais pas idéal pour transporter une quantité maximale de produits et les variations de la durée d'un voyage d'esclave, rendaient pratiquement impossible les planifications de temps.

Ainsi, le commerce triangulaire était considéré comme un modèle commercial mais pas comme une description exacte de la route du navire.

Les différentes formes d'esclavage en Afrique

Les formes d'esclavage ont varié à la fois en Afrique et dans le Nouveau Monde. En général, l'esclavage en Afrique n'a pas été un héritage car les enfants d'esclaves étaient libres tandis que dans les Amériques, les enfants des esclaves étaient considérés comme esclaves.

Le traitement des esclaves en Afrique était plus variable que dans les Amériques. Par exemple, les rois du Dahomey ont régulièrement abattu des esclaves pour des sacrifices humains.

D'autre part, les esclaves dans d'autres endroits ont souvent été considérées comme faisant partie de la famille, avec des droits importants, y compris le droit de se marier sans la permission de leurs maîtres.

Dans les Amériques, les esclaves se sont vu refuser le droit de se marier librement. Les esclaves du Nouveau Monde ont été considérés comme la propriété de leurs propriétaires et les condamnés pour révolte ont été simplement exécutés.

Les régions de la traite des esclaves

Il y avait huit principaux domaines utilisés par les Européens pour acheter et expédier les esclaves.

Le nombre de personnes esclaves vendus au Nouveau Monde a varié tout au long de la traite. Quant à la répartition, certaines régions ont produit plus esclaves que d'autres.

Sénégal et la Gambie : 5%

Guinée-Bissau, Guinée et Sierra-Léone : 4%

Liberia et Côte d'Ivoire : 2%

Ghana et Côte-d'Ivoire : 10%

Togo, Bénin et Nigeria : 20%

Nigeria, Cameroun, Guinée équatoriale et Gabon : 14%

République du Congo, République démocratique du Congo et Angola : 40%

Mozambique et Madagascar : 5%

Groupes ethniques

Les différents groupes ethniques aux Amériques correspondent étroitement aux réalités de l'esclave.

Plus de 45 groupes ethniques distincts ont été vendus en Amérique pendant le commerce d'esclaves.

Les Bakongos de la République du Congo, la République démocratique du Congo et de l'Angola

Les Mandés de la Haute Guinée

Les adjas, Minas et Fons du Togo, du Ghana, Bénin

Les Akans du Ghana et de la Côte-d'Ivoire

Les Wolofs du Sénégal et de la Gambie

Le Igbos du Nigeria

Les Mbundu et Ovimbundus de l'Angola

Les Yorubas du Nigeria

Les Doualas du Cameroun

Les Makuas du Mozambique

Les disparus

Le commerce transatlantique des esclaves a entraîné une perte immense et inconnu de la vie des captifs africains à la fois en Afrique et en Amérique.

Environ 2,4 millions d'Africains sont morts pendant leur transport vers le Nouveau Monde.

La nature sauvage du commerce conduit à la destruction des individus et des cultures.

Les effets sur l'économie de l'Afrique

Même si les effets négatifs de l'esclavage sur les économies de l'Afrique ont été bien documentés, à savoir une baisse importante de la population, certains dirigeants africains avaient vu un avantage économique avec les marchands d'esclaves européens.

Ces avantages comprenaient aussi la technologie militaire (en particulier des armes à feu et de la poudre), l'or, ou simplement le maintien des relations commerciales amicales avec les nations européennes.

Le commerce des esclaves était donc un moyen pour l'élite africaine d'obtenir des avantages économiques.

Fin de la traite négrière

En Grande-Bretagne, en Amérique, au Portugal et dans certaines parties de l'Europe, les oppositions politiques avaient développé une contre traite des esclaves.

L'opposition a été menée par plusieurs sociétés religieuses et évangéliques tels que William.

Suite à la décision de Mansfield en 1772, les esclaves sont devenus libres en entrant dans les îles britanniques.

La politique du président des États-Unis, Thomas Jefferson, dans l'état de Virginie en 1778, est devenu l'une des premières juridictions à arrêter l'importation d'esclaves dans le pays.

La nouvelle loi libérait tous les esclaves amenés illégalement en imposant de lourdes amendes aux contrevenants.

La Grande-Bretagne a interdit la traite des esclaves en 1807, imposant des amendes sévères pour tout esclave trouvé à bord d'un navire.

Le Congrès américain a ensuite adopté une Loi sur le commerce des esclaves de 1794, qui interdit la construction ou l'équipement des navires pour une utilisation du commerce des esclaves.

En 1807, le Congrès américain a interdit l'importation d'esclaves.

En 1813, un traité anglo-suédois a interdit la traite des esclaves.

Dans un traité de Paris en 1814, la France a décidé d'abolir la traite des esclaves en relation avec la Grande-Bretagne.

Le dernier navire d'esclaves à atterrir sur le sol américain était le Clotilde en 1859. Les Africains à bord ont été vendus comme esclaves.

Cependant, l'esclavage aux États-Unis a été aboli complètement après la fin de la guerre civile américaine en 1865.

Cependant, un commerce illégal dynamique a continué à expédier un grand nombre de personnes au Brésil et aussi à Cuba jusqu'en 1860, lorsque l'application britannique et a finalement mis fin au commerce atlantique.

Au Brésil, l'esclavage lui-même n'a pas pris fin avant 1888.

Diaspora africaine

La diaspora africaine qui a été créé par l'esclavage, a été une partie complexe de l'histoire et de la culture américaine.

Le mouvement Rastafari, originaire de la Jamaïque, où 98% de la population sont des descendants d'esclaves, a fait de grands efforts pour faire connaître l'histoire de la servitude à travers la musique reggae

Rôle de l'Organisation des Nations Unies (ONU)

En 1998, l'UNESCO a fait du 23 Août la Journée internationale du souvenir de la traite négrière et de son abolition.

En 1999, la Grande-Bretagne a fait des excuses sans réserve pour sa participation à l'esclavage des communautés noires d'Afrique.

Le 30 Janvier 2006, Jacques Chirac, le président de la République française, avait déclaré que le 10 mai serait désormais une journée nationale de commémoration des victimes de l'esclavage en France, marquant une loi reconnaissant l'esclavage comme un crime contre l'humanité.

Le 30 Juillet 2008, la Chambre des représentants aux États-Unis, avait adopté une résolution présentant des excuses pour l'esclavage américain et les lois discriminatoires.

Moyen-Congo

Le Congo Français ou Moyen-Congo, était une colonie française dans la zone actuelle de la République du Congo, le Gabon et la République Centrafricaine.

Le Congo français a commencé à Brazzaville le 10 Septembre 1880 comme un protectorat sur le peuple Batéké et a été officiellement confirmé pendant la Conférence de Berlin de 1884.

Ses frontières avec le Cabinda, le Cameroun et l'Etat libre du Congo ont été établies par des traités solides. Le plan de développement de la colonie était d'accorder des concessions massives à une trentaine d'entreprises françaises.

Ces dernières ont reçu d'énormes étendues de terre sur la promesse qu'ils seraient développés. Ce développement a été limité et constituait l'extraction de l'ivoire, du caoutchouc et du bois.

Beaucoup de vastes exploitations d'entreprises existaient seulement sur le papier avec pratiquement aucune présence sur le terrain en Afrique.

Le Congo français est parfois connu comme le Gabon-Congo car elle a officiellement ajouté le Gabon en Avril 1901 et a été officiellement rebaptisé Moyen-Congo.

En 1903, le Congo a été temporairement séparé du Gabon et a ensuite été réunis autour de l'Afrique Équatoriale Française (AEF) en 1910 dans le but d'imiter l'Afrique Occidentale Française (AOF).

La colonie a été administré sous quatre commissaires généraux avant sa réorganisation en Moyen-Congo.

Pierre Savorgnan de Brazza 1883-1897

Louis Albert Grodet 1897-1898

Henri Félix de Lamothe 1898-1901

Emile Gentil 1901-1903

Afrique Équatoriale Française (AEF)

Fondée en 1910, la fédération était composée de cinq (5) territoires : le Congo, le Gabon, l'Oubangui-Chari, le Tchad et le Cameroun Français.

Brazzaville était la capitale de l'AEF avec des députés dans chaque territoire.

En 1911, la France cède les parties du Cameroun allemand à la suite d'une crise. Le territoire a été renvoyé à la France après la défaite de l'Allemagne pendant la Première Guerre mondiale.

À la fin des années 1920 et au début des années 1930, un mouvement anti-colonial, la Société Amicale des Originaires de l'AEF avait été créé par André Matsoua.

Pendant la Seconde Guerre mondiale, la fédération se rallie aux forces françaises libres sous Félix Éboué en Août 1940, sauf pour le Gabon qui était contrôlé par la France de Vichy.

Sous la IVe République (1946-1958), la fédération était représentée au parlement français. Lorsque les territoires ont voté pendant le référendum d'autodétermination de 1958 pour devenir autonome au sein de la Communauté française, la fédération a été dissoute.

En 1959, les nouvelles républiques ont formé une association intermédiaire appelée l'Union des

Républiques d'Afrique Centrale, avant de devenir totalement indépendant en 1960.

En 1942, l'AEF a été administré par un gouverneur général, qui avait la direction suprême de tous les services, à la fois civile et militaire. Le gouverneur général a été assistée par un conseil d'administration composé de fonctionnaires locaux, à la fois africains et européens, élus indirectement.

Localement, les territoires ont été subdivisées en départements supervisés par des fonctionnaires nommés. Les seules municipalités étaient les capitales des territoires, qui ont été classées comme communes mixtes, par opposition des communes du Sénégal qui avaient des conseils démocratiquement élus.

Les administrations postales des quatre territoires étaient séparées jusqu'en 1936.

L'indépendance (1960) et les Trois Glorieuses (1963)

Les Trois Glorieuses était un soulèvement au Congo-Brazzaville qui a eu lieu du 13 au 15 Août 1963. Le soulèvement mis fin au règne du premier président congolais, Fulbert Youlou.

La République du Congo était devenue indépendante le 15 Août 1960.

Le règne du premier président, Fulbert Youlou, était développement d'un régime autoritaire. Youlou avait proposé de changer le Congo en un état à parti politique unique, l'UDDIA.

A l'époque, les autres partis politiques avaient cessé de fonctionner comme des oppositions efficaces, tandis que le mouvement syndical des travailleurs et l'Union de la Jeunesse congolaise avait subi la répression.

En 1963, le mouvement syndical congolais était devenu de plus en plus actif.

Le 2 Juillet 1963, deux comités syndicaux conjointe ont été formés pour protester contre la proposition d'installer un régime à parti unique. C'est dans cette atmosphère que les syndicats ont appelé à une grève générale le 13 Août 1963.

Les protestations ont commencé le 12 Août, composé de travailleurs et de chômeurs.

Les soldats ont ouvert le feu sur la foule, tuant trois syndicalistes. Les rassemblements s'étaient transformés en des violentes émeutes.

Le 14 Août, Youlou a contacté le président français, Charles de Gaulle, demandant à la France d'intervenir militairement pour sauver son gouvernement. De Gaulle a rejeté la demande de Youlou.

Le 15 Août, l'armée a retiré son soutien à Youlou, aux syndicats et à l'Union de la Jeunesse Congolaise (UJC).

Cependant, aucun des deux groupes a été représenté dans le gouvernement provisoire formé le 15 Août, 1963, avec Alphonse Massemba-Débat comme le nouveau Premier Ministre. Le 16 Août, les syndicalistes ont formé un Conseil national de la révolution (CNR).

La date de la victoire de la révolution, le 15 Août, a été aussi le Jour de l'Indépendance du Congo.

En 1970, un nouvel hymne national, Les Trois Glorieuses, nommé d'après la révolution de 1963, a été adopté.

République Populaire du Congo

La République Populaire du Congo était le régime politique en vigueur au Congo-Brazzaville du 31 décembre 1969 au 15 mars 1992.

Le Parti congolais du travail, d'orientation marxiste-léniniste, gouvernait en tant que parti unique.

Mise en place du régime

Devenu président de la République du Congo en 1963, Alphonse Massamba-Débat est le premier chef d'État africain à se réclamer ouvertement marxiste.

En 1964, il établit un régime de parti unique, autour de la formation de son propre parti politique, le Mouvement National de la Révolution (MNR). Massamba-Débat est alors élu Secrétaire Général du MNR tandis que Ambroise Édouard Noumazalaye, devenait le Premier Secrétaire.

Le nouveau Pouvoir est soutenu par une milice populaire fortement armée, dirigée par Ange Diawara.

Mais en 1968, la montée de la contestation amène Massamba-Débat à emprisonner le capitaine Marien Ngouabi.

Massamba-Débat cèdera à la pression et libérera les prisonniers politiques, avant de laissé le pouvoir en septembre.

Le 31 décembre, après une période d'instabilité, Marien Ngouabi devient le nouveau chef de l'État et réaffirme son engagement pour le socialisme.

Le Congo connait sa deuxième République. L'administration est centralisée à Brazzaville et les postes principaux sont occupés par les cadres du Parti Congolais du travail (PCT), qui organisa son congrès constitutif du 29 au 31 décembre 1969.

La République du Congo devient République Populaire du Congo et adopte le drapeau rouge et un nouvel hymne national, les Trois Glorieuses, qui fait référence aux trois journées de soulèvement qui avaient entrainé la chute de Fulbert Youlou en août 1963.

Le PCT est ensuite proclamé parti unique comme les autres partis politiques l'avaient déjà fait. Rien n'a donc changé au contraire la dictature s'est renforcée des milliards de fois avec le PCT.

Le président de la République est élu au congrès du PCT, en sa qualité de Chef du parti unique.

Le régime est instable et va faire face à de nombreuses tentatives de coup d'État.

À la tête d'un commando, le lieutenant Kinganga s'empare des bâtiments de la radiodiffusion et de la télévision congolais le 23 mars 1970, avant d'être abattu le 22 février 1972. Le lieutenant Ange Diawara à son tour tente de prendre le contrôle de Brazzaville, avant de prendre le maquis dans la région du Pool où il résista au pouvoir jusqu'en 1973.

De Nombreuses vagues d'arrestations touchent les personnalités soupçonnées d'être impliquées dans ces tentatives de prise de pouvoir. Ceci inclus l'ancien Premier Ministre Pascal Lissouba, qui avaient été arrêté à plusieurs reprises, à l'occasion des grèves de 1976 à Brazzaville et l'assassinat de Marien Ngouabi en 1977.

Les entreprises sont massivement nationalisées dans tous les secteurs de l'État. Le Parti Congolais du Travail (PCT), exerce un contrôle absolu sur le secteur privé de l'économie en s'appuyant sur un system de coopératives.

La gestion des entreprises d'Etat est confiée à des membres dirigeants du Parti, ou bien à des membres de la famille et amis.

Le 18 mars 1977, le président Marien Ngouabi est assassiné dans sa résidence. Le Lendemain, la junte militaire, le Comité Militaire du Parti (CMP) va faire office d'un Gouvernement d'urgence.

Dans les jours qui suivent, le cardinal Émile Biayenda, archevêque de Brazzaville et l'ancien président de la République, Alphonse Massamba-Debat seront assassinés.

Le 5 avril 1977, le colonel Joachim Yhombi-Opango, devient le nouveau président de la République jusqu'en février 1979.

Présidence de Denis Sassou Nguesso 1

Le 5 février 1979, le colonel Denis Sassou Nguesso prend le Pouvoir et dissout le CMP. Sassou décide de rompre avec la politique d'irresponsabilité et l'impérialisme.

Il reste au Pouvoir jusqu'en août 1992. D'une manière générale, les successeurs de Ngouabi ne modifient pas la gestion des affaires de l'État, qui reste fondée sur le monopartisme et la centralisation de l'activité politique et administrative (oligarchie, bureaucratie, militarisme et tribalisme).

Denis Sassou Nguesso se pose en seul héritier légitime de Marien Ngouabi, se presentant comme le digne successeur de Marien Ngouabi.

La République Populaire du Congo, que l'URSS considérait comme un ami, est soutenue par les pays du bloc de l'Est.

En 1978, le Congo signe un traité garantissant l'ouverture d'une représentation commerciale de l'Union Soviétique.

En 1983, l'appareil judiciaire de la République Populaire du Congo est réformé sur le modèle du Bénin et de la Guinée, eux-mêmes inspirés par l'URSS.

Le 8 juillet 1979, la nouvelle constitution est adoptée par référendum et a permis à Sassou Nguesso de rester au pouvoir en cumulant les fonctions de chef de l'État et de président du Comité Central du PCT.

La politique de Sassou Nguesso vise à promouvoir le socialisme et à développer les infrastructures, mais n'obtient pas de résultats probants dans les domaines de l'éducation et de la santé.

La République Populaire du Congo souffre des problèmes de corruption et de détournements de fonds publics, qui demeuraient impunis.

Dans les années 1980, la situation économique de la République Populaire du Congo se dégradent notablement. Les entreprises d'État sont victimes de mauvaise gestion. La masse salariale du secteur absorbe la richesse du pays.

La conférence Nationale et le Processus de Transition

Les tensions s'accentuent à la fin de la première Présidence de Sassou Nguesso. Après l'adoption du plan d'ajustement structurel en juin 1985, la dette extérieure du Congo est devenue impossible à maîtriser.

Des émeutes lycéennes se produisent les 9 et 11 novembre 1985. Le régime commence réellement à perdre le contrôle de la situation au milieu des années 1990.

La chute du mur de Berlin en 1989 et des régimes communistes en Europe entraîne des répercussions politiques graves dans toute l'Afrique et au Congo.

À l'occasion d'une session extraordinaire de l'Assemblée Nationale Populaire du 7 mai au 7 juin 1990, Denis Sassou Nguesso déclare vouloir ouvrir le pays à la démocratie déjà initiée.

La Confédération Syndicale Congolaise (CSC), présidée par Jean-Michel Bokamba Yangouma, s'oppose au projet d'abaissement de l'âge de la retraite des fonctionnaires de 60 à 55 ans et se détache peu à peu du parti unique. Elle prend son indépendance le 16 septembre 1990.

La fin de l'année 1990 est marquée par de nombreuses grèves.

La Conférence Nationale s'ouvre en février 1991 et se proclame immédiatement souveraine. Elle est présidée par l'évêque d'Owando, Mgr Ernest Kombo.

Les représentants de l'État, des Partis politiques et des associations de la société civile y sont représentés.

Le président Sassou Nguesso se voit retirer la plupart de ses pouvoirs, mais n'est pas destitué. Un Conseil supérieur de la République (CSR) remplace l'Assemblée Nationale Populaire et l'organisation des élections démocratiques est confiée à un Gouvernement de transition, dirigé par André Milongo.

Une constitution nouvelle est approuvée par référendum le 15 mars 1992, avec 96,3% de oui. La République Populaire du Congo redevient République du Congo.

Lors de l'élection présidentielle du 16 août 1992, Pascal Lissouba est élu président de la République. Mais en 1997, le retour au pouvoir de Denis Sassou Nguesso s'achève par la guerre civile du Congo-Brazzaville.

Les années 1990 en République du Congo

Les années 1990 en République du Congo, sont marquées par plusieurs périodes de turbulences et de violences, d'où la guerre civile de 1993, 1997 et 1999.

Après des décennies de turbulences, le Congo a accepté une transition vers la démocratie multipartite dans le but de mettre fin à une longue période de parti unique.

Cette transition a été posée au cours de la conférence nationale souveraine de 1991 et a organisée des élections présidentielles multipartites.

Sassou Nguesso a accepté sa défaite et le nouveau Président du Congo, le Professeur Pascal Lissouba a pris ses fonctions, le 31 Août 1992.

La démocratie congolaise a connu de dures épreuves en 1993 et au début de 1994. Le Président a dissous l'Assemblée Nationale en novembre 1992, appelant à de nouvelles élections en mai 1993.

Les résultats de ces élections ont été contestées, déclenchant ainsi une courte guerre civile violente en juin et à nouveau en novembre.

En Février 1994, les décisions d'un conseil international des arbitres ont été acceptées par toutes les parties et le risque d'insurrection à grande échelle se calmèrent.

Cependant, le progrès démocratique du Congo a déraillé en 1997. Comme les élections présidentielles prévues pour juillet 1997 approchaient, les tensions entre les camps Lissouba et Sassou sont montés.

L'armée congolaise, fidèle au président Lissouba, a attaqué la résidence de Sassou à Brazzaville le

5 Juin. Officiellement, l'opération consistait à rechercher des armes. C'est ainsi que Sassou a utilisé cet incident comme un prétexte pour l'insurrection armée, déclenchant un conflit de 4 mois qui a détruit et endommagé une grande partie de Brazzaville.

Lissouba a voyagé à travers l'Afrique australe et centrale en Septembre, en demandant aux gouvernements du Rwanda, de l'Ouganda et de la Namibie une assistance.

Laurent Désiré Kabila, le nouveau Président de la RDC, a envoyé des centaines de troupes à Brazzaville pour soutenir Lissouba.

C'est dans cette atmosphère violente qu'environ 1000 chars Angolais, des troupes et avions de chasse donnés par le gouvernement français, ont renforcé les rebelles de Sassou.

Ensemble, ces forces ont pris les villes de Brazzaville et Pointe-Noire dans la matinée du 16 Octobre.

Lissouba a fui la capitale, tandis que ses soldats se sont rendus et les citoyens ont commencé à piller.

Peu après, Sassou s'est déclaré Président de la République du Congo et a nommé un gouvernement de 33 membres.

En Janvier 1998, le régime de Sassou a tenu un Forum National pour la réconciliation (le dialogue national sans exclusifs) afin de déterminer la nature et la durée de la période de transition.

Le Forum, étroitement contrôlé par le gouvernement, a décidé des élections qui doivent avoir lieu dans environ 3 ans et a élu un conseil législatif de transition qui a annoncé qu'une convention constitutionnelle va finaliser un projet de constitution.

Cependant, l'éruption des combats entre les forces gouvernementales de Sassou et une opposition armée dans la région du Pool avait largement perturbée le retour de la transition vers la démocratie.

Cette nouvelle violence a également ralenti le développement économique du Congo en causant une grande destruction et des pertes de vie humaines dans le sud de Brazzaville et dans les régions de la Bouenza et du Niari. Des centaines de milliers de personnes s'étaient déplacées.

Toutefois, en novembre et décembre 1999, le gouvernement a signé des accords avec les représentants des groupes rebelles. L'accord de décembre, organisé par le président Omar Bongo du Gabon, avait appelé à des négociations politiques inclusives suivi de la mise en place d'un gouvernement d'union.

Première guerre civile du Congo

La première guerre civile du Congo était un conflit civil ethno-politique en République du Congo, à partir de 1993 jusqu'en décembre 1994. Pascal Lissouba est resté président jusqu'à ce qu'une autre guerre civile éclaté en 1997.

Deuxième guerre civile du Congo

La deuxième guerre civile du Congo était un conflit civil ethno-politique en République du Congo, à partir du 5 Juin 1997 jusqu'en Décembre 1999. Cette guerre n'était que la poursuite de la guerre civile de 1993 et les milices impliquées représentaient les mêmes trois leaders politiques.

Le conflit a pris fin grâce à l'intervention de l'armée angolaise, qui a rétabli l'ancien président Denis Sassou Nguesso au pouvoir.

L'UPADS du candidat Pascal Lissouba avaient remporté la présidentielle de 1992, Bernard Kolelas du MCDDI venant en second et Sassou Nguesso du PCT en dernière position. Kolela et Sassou Nguesso ont été mécontents des résultats de ces élections. Les tensions ont continué à augmenter lorsque Kolelas, Lissouba et Sassou ont formé chacun une milice : respectivement les Ninjas de Kolela, les Cocoyes de Lissouba et les Cobras de Sassou.

Des milices issues du milieu ethnique et politique de leurs dirigeants. Les Mbochis de la Cuvette ont soutenu Sassou et le Nibolek (Niari-Bouenza-Lékoumou) ont soutenu Lissouba et les Laris du Pool étaient des partisans de Kolelas.

Citant la fraude électorale lors des élections législatives de 1993, la milice Ninja et Cobra ont lancés une guerre civile contre les Cocoyes.

Le conflit a pris fin en Décembre 1994, laissant 2.000 morts et de nombreux autres déplacés.

Malgré que Lissouba est resté au pouvoir, il n'a pas réussi à mettre en œuvre des accords de paix avec les milices qui avaient conservé leurs armes.

Le taux élevé de chômage, une atmosphère d'incertitude politique et le flux constant d'armes à feu provenant de conflits régionaux ont contribué à la montée du mouvement des milices dans le pays.

Guerre civile du 5 Juin 1997

Le 5 Juin 1997, anticipant un coup d'État dirigé par Sassou, Lissouba a ordonné à sa milice Cocoye d'arrêter Sassou de force et de désarmer sa milice Cobra, initiant ainsi une seconde guerre civile.

Les combats vont bientôt engloutir toute la ville de Brazzaville, avec les milices Cobra, Cocoye et Ninja dans chaque zone.

Le gouvernement a recruté des mercenaires ukrainiens pour faire voler des hélicoptères d'attaque, les mobiliser plus tard dans une campagne de bombardement dans des zones Cobra. Les deux parties ont bombardé activement des zones peuplées de civile, provoquant un nombre important de victimes.

Les combattants des milices s'étaient surtout engagés dans de nombreux cas d'extorsion et de harcèlement de la population civile, basé sur l'appartenance ethnique.

Le 16 Juin 1997, Lissouba et Sassou Nguesso ont eu des entretiens à Libreville, au Gabon, organisé avec la médiation des Nations Unies, l'Union européenne, la France et un certain nombre de pays africains.

Le 17 Juin 1997, des soldats français et un certain nombre des troupes de la Marine Américaine ont mené une opération conjointe pour évacuer 6000 citoyens étrangers à l'aéroport Maya-Maya de Brazzaville.

Dans le même temps, Lissouba a personnellement visité le Rwanda, l'Ouganda et la Namibie, en essayant d'obtenir le soutien de leurs dirigeants. Il a accusé publiquement les Cobras d'employer des partisans de l'ancien président Zaïrois Mobutu Sese Seko, ce qui a incité le président de la République Démocratique du Congo, Laurent Désiré Kabila, d'envoyer plusieurs centaines de soldats à Brazzaville.

Le déclenchement de la guerre civile congolaise a coïncidé avec le conflit interne en Angola.

Pendant la présidence de Pascal Lissouba, le Congo a apporté un soutien actif aux guérilleros anti-gouvernementaux de l'UNITA, sous le leadership de Jonas Sanvimbi, qui à leur tour ont fourni des diamants.

L'Angola a saisi l'occasion de détruire la dernière ligne d'approvisionnement de l'UNITA en entrant dans le conflit au côté de Sassou Nguesso.

La France a également soutenu la milice Cobra en offrant des armements, dans le but de sécuriser ses intérêts pétroliers au pays.

Un grand nombre de réfugiés rwandais qui avaient fui au Congo mai 1997, a pris part au conflit. Environ 600 Rwandais hutus ont rejoint les milices formées par Sassou.

Les allégations concernant l'implication de Cuba sur le côté des Cobras ont été faites, avec les autres accusant l'UNITA d'aider la milice Ninja.

En Septembre 1997, après le refus de Sassou à accepter cinq portefeuilles ministériels, M. Lissouba a accordé à Bernard Kolelas le poste de Premier Ministre.

Entre le 11 et le 12 Octobre 1997, des avions de chasse de la Force Aérienne Angolaises ont mené un certain nombre de frappes aériennes sur les positions Cocoye au sein de Brazzaville.

Le 16 Octobre 1997, la milice Cobra appuyée par des chars et près de 1000 soldats angolais ont pris le contrôle de Brazzaville, après avoir évincé Lissouba deux jours plus tôt.

Denis Sassou Nguesso a repris le pouvoir le jour suivant, se déclarant président. Il a incorporé efficacement la milice Cobra dans l'armée nationale, sans la dissoudre complètement. Après avoir capturé la capitale, les miliciens Cobra s'étaient livrée à l'exécution de plusieurs dizaines de combattants ennemis et adversaires politiques mais surtout au pillage de leurs biens.

Une offensive angolaise parallèle sur Pointe-Noire a rencontré peu de résistance.

En Avril 1998, les Cocoyes ont occupé le barrage hydroélectrique de Moukoukoulou située dans le département de la Bouenza, tuant plusieurs employés et coupant l'alimentation électrique de Point-Noire pendant plusieurs semaines. Le 29 Août 1998, les Ninjas ont tué le commissaire de police de Mindouli. Le 26 septembre 1998, les même rebelles Ninja ont assassiné le préfet adjoint de Goma Tse Tse. Le 9 Octobre 1998, toujours les rebelles Ninja ont mis le feu au poste de police et aux bureaux de la préfecture à Kinkala, dans le département du Pool.

La milice Ntsiloulou a été formé dans le département du Pool en 1998, avec l'ethnie Lari formant l'épine dorsale du groupe. Il s'est allié à la milice Ninja, lançant des attaques contre les troupes gouvernementales et des civils.

Les Ninja et Nsiloulou ont ensuite pris le contrôle de plusieurs zones dans la région du Pool. Le 14 Novembre 1998, des Ninja ont lancé une attaque sur Mindouli, tuant 41 civils, dont six membres d'un comité local. Le 18 décembre

1998, les Cocoye ont capturé la ville de Nkayi, mener des exécutions sommaires des fonctionnaires gouvernementaux et Mbochis.

Les forces gouvernementales ont repris le contrôle de la ville trois jours plus tard. Les éléments des armées tchadiennes et angolaise ont été déployés dans les domaines de la Bouenza, du Niari et de la Lékoumou, ainsi que dans le département du Pool, dans le but de contrer l'activité accrue des rebelles.

Le 16 décembre 1998, un groupe de 300 Ninja, s'étaient infiltré dans les quartiers de Bacongo et Makelekele à Brazzaville, entraînant des affrontements qui ont duré plusieurs jours. Les domaines ont été ciblés par les mortiers lourds et des tirs d'artillerie qui ont causé des destructions massives, le déplacement de 200.000 civils, des pillages et des exécutions sommaires.

En décembre 1999, un total de 2.000 rebelles Ninja et Cocote se sont remis aux autorités après avoir signé un accord de paix avec le Gouvernement, mettant officiellement fin au conflit armé.

L'affaire des réfugiés disparus du Port fluvial (Beach) de Brazzaville

Les guerres civiles du Congo-Brazzaville et l'intensité des combats ont détruit la capitale du Pays.

Plusieurs réfugiés avaient traversé le fleuve Congo pour la ville voisine de Kinshasa. À la fin des combats de 1997, beaucoup ont tenté de rentrer chez eux, lorsque la communauté internationale a appris qu'ils avaient été portés disparu.

Les témoignages recueillis par les familles et les amis, expliques que les soldats favorables à Sassou Nguesso ont tout simplement massacrés ces réfugiés en les noyant vivant dans des conteneurs plongés au fond du fleuve Congo.

Plusieurs officiers Généraux de l'armée Congolaise ont été jugés même personne n'a été condamné jusqu'à ce jours.

Permis ses officiers, on peut citer : Le Général Cobra Blaise Adoua, le Général Norbert Dabira, le Général Cobra Jean François Ndégué, le Général Avoukou, le Général Garcia…

Selon les fonctionnaires des Nations Unies, il y a eu 36 000 réfugiés congolais enregistrés dans la capitale de l'ex-Zaïre, Kinshasa.

Référendum Constitutionnel de 2002

Un référendum constitutionnel a eu lieu le 20 Janvier 2002, en République du Congo. Les résultats ont montré plus de 87% en faveur du OUI avec un taux de participation de 77,5%.

La nouvelle constitution proposée changerait le pays une république présidentielle. Écrit en 2001, la nouvelle constitution avait été approuvé par un Conseil national de transition en 2002 avant d'être soumis à un référendum.

Les changements de l'ancienne constitution avaient accrue la longueur du mandat présidentiel à sept ans, a aboli le poste de Premier ministre et établi une Assemblée Nationale bicamérale avant d'instituer plusieurs exigences.

Le gouvernement a décrit le référendum comme ouvrant la voie à des élections et s'était félicité des résultats.

Cependant, l'opposition avait boycotté ce référendum en déclarant que la nouvelle constitution donnait trop de pouvoir au président Sassou Nguesso.

La communauté internationale et plusieurs observateurs internationaux avaient à leur tour dit que ce référendum a eu des irrégularités observées.

Référendum Constitutionnel de 2015

Le 27 Mars 2015 Sassou Nguesso a annoncé que son gouvernement allait tenir un référendum pour modifier la constitution de janvier 2002 afin de lui permettre de briguer un troisième mandat consécutif.

Le 25 Octobre, le gouvernement a organisé un référendum pour permettre à Sassou Nguesso d'être candidat à la prochaine élection présidentielle. Le gouvernement a affirmé que la constitution était approuvée par 92% OUI avec un taux de participation de 72%. L'opposition, qui avait boycotté le référendum a affirmé que les statistiques du gouvernement étaient fausses et que le vote était une mascarade.

Les élections présidentielles tenus en mars 2016 ont finalement été remporté par Denis Sassou Nguesso, avec plus de 70% des voix et un taux de participation dépassant 60%.

Des combats ont opposé dans la nuit du dimanche 3 Avril 2016 au lundi 4 Avril, les membres des Forces Armées Congolaises (FAC) aux anciens miliciens Ninjas dans les quartiers sud de Brazzaville.

Conclusion

Le Congo-Brazzaville a eu un système politique multipartite depuis le début des années 1990, bien que le système ait été fortement dominé par le président Denis Sassou Nguesso, qui avait toujours manqué une concurrence sérieuse pendant des élections présidentielles tenues sous sa domination.

Sassou Nguesso est soutenu par le Parti Congolais du Travail (PCT), ainsi que toute une gamme de petits partis.

Sur le plan international, le régime de Sassou a été frappé par les révélations de corruption, malgré les tentatives de les censurer. Une enquête française a trouvé plus de 110 comptes bancaires et des dizaines de propriétés somptueuses en France ; Sassou a dénoncé les enquêtes de détournement de fonds comme un raciste néo-colonial.

Les peuples autochtones

Le 30 Décembre 2010, le Parlement congolais avait adopté une loi pour la promotion et la protection des droits des peuples autochtones. Cette loi est la première du genre en Afrique et son adoption est un développement historique pour les peuples autochtones sur le continent.

Situation Géographique du Congo

La République du Congo est divisée en 12 départements ou régions. Les régions sont à leur tour subdivisés en communes et en districts.

On distingue :

La Bouenza

La Cuvette

La Cuvette-Ouest

Le Kouilou

La Lékoumou

Brazzaville

La Likouala

Le Niari

Les Plateaux

La Sangha

Pointe Noire

Le Congo est situé dans la partie centre-ouest de l'Afrique subsaharienne, le long de l'équateur, située entre les latitudes 4 ° N et 5 ° S, et les longitudes 11 ° et 19 ° E.

Au sud et à l'est de la République du Congo se trouve son voisin et cousin naturel, la République Démocratique du Congo (RDC). Il est également limité par le Gabon à l'ouest, le Cameroun et la République centrafricaine au nord, le Cabinda (Angola) au sud-ouest et par l'Océan Atlantique à l'ouest.

La capitale politique, Brazzaville, est situé sur le bord du fleuve Congo, juste en face de Kinshasa, la capitale de la République Démocratique du Congo (RDC).

Le sud-ouest du pays se trouve la grande vallée du Kouilou-Niari. L'intérieur du pays est constitué d'un plateau central entre deux bassins au sud et au nord.

Les forêts sont sous la pression croissante de l'exploitation par la République Populaire de Chine, qui exporte la majorité du bois congolais en échange de la construction d'infrastructures modernes.

Comme le Congo est situé sur l'équateur, la température moyenne de la journée est humide autour de 24 ° C en moyenne et les nuits généralement entre 16 ° C et 21 ° C.

Les précipitations annuelles sont en moyennes situées entre 1 100 mm dans le sud de la vallée du Niari à plus de 2000 mm dans les parties centrales du pays.

La saison sèche commence en juin et se termine en Août alors que la saison des pluies a deux saisons : de Mars à mai et une autre qui commence en Septembre et se termine en Novembre.

En 2006, la population des gorilles dans les régions de la Sangha était de 125.000 pour les gorilles des plaines.

L'économie de la République du Congo

L'économie est un mélange de l'agriculture, de l'artisanat, et d'un secteur industriel basé en grande partie sur la production des hydrocarbures.

L'extraction du pétrole a supplanté la sylviculture comme le pilier de l'économie. En 2015, le secteur pétrolier a représenté 75% du PIB, soit 85% des recettes publiques et 92% des exportations. Le pays a aussi une grande richesse minérale inexploitée.

Au début des années 1980, les revenus du pétrole augmentent rapidement et permettent au gouvernement de financer des projets de développement à grande échelle avec une croissance moyenne du PIB de 5% par an, l'un des taux les plus élevés en Afrique.

Le 12 janvier 1994, la dévaluation des monnaies de la zone franc de 50% ont abouti à une inflation de 46% en 1994, mais l'inflation a diminué depuis.

Les efforts de réforme économique ont continué avec le soutien des organisations internationales, notamment la Banque Mondiale (BM) et le Fonds Monétaire International (FMI).

Le programme de réforme est venu en Juin 1997, lorsque la guerre civile a éclaté.

Lorsque Sassou Nguesso est revenu au pouvoir à la fin de la guerre civile en Octobre 1997, il a publiquement exprimé son intérêt à aller de l'avant avec des réformes économiques, la privatisation et le renouvellement de la coopération avec les institutions financières internationales.

Cependant, le progrès économique a été gravement touché par l'effondrement des prix du pétrole et la reprise du conflit armé en 1998, ce qui a aggravé le déficit budgétaire de la République du Congo.

Le gaz naturel et les diamants sont aussi des récentes sources d'exportations. Bien que le Congo ait été exclu du Processus de Kimberley en 2004, la plupart de ses exportations de diamants étaient en fait vendus clandestinement à partir de la République Démocratique du Congo voisine. Le Congo a été réadmis dans le Processus de Kimberley en 2007.

La République du Congo a également un grand métal inexploité d'or, de fer et des dépôts de phosphate…

Le pays est membre de l'Organisation pour l'Harmonisation du Droit des Affaires en Afrique (OHADA).

Le PIB de la République du Congo a augmenté de 6% en 2014 et de 7,5% en 2015.

Transport en République du Congo

Le transport en République du Congo comprend la terre, l'air et le transport sur l'eau. Le réseau ferroviaire du pays a été construit par des travailleurs forcés dans les années 1930. Il y a aussi plus de 1000 km de routes pavées et deux grands aéroports internationaux (Aéroport de Maya-Maya à Brazzaville et Agostino Neto de

Pointe Noire) qui ont des vols vers des destinations internationales.

Le pays dispose également d'un grand port sur l'océan Atlantique à Pointe-Noire et d'autres petits ports le long du fleuve Congo à Brazzaville et Impfondo.

Peuples et langues du Congo

La population du Congo est concentrée dans la partie sud-ouest du pays, laissant les vastes zones de la grande forêt tropicale dans le nord, pratiquement inhabitée.

Ainsi, le Congo est l'un des pays les plus urbanisés d'Afrique, avec 80% de sa population totale vivant dans quelques zones urbaines, à savoir Brazzaville et Pointe-Noire.

Dans les zones rurales, l'activité industrielle et commerciale a diminué rapidement ces dernières années, laissant les économies rurales dépendantes du gouvernement.

Les ethnies et les langues de la République du Congo sont diverses. On reconnaît 62 langues parlées dans le pays.

Les Bakongos sont le plus grand groupe ethnique et forme plus de la moitié de la population (70%). Les sous-groupes les plus importants du Kongo sont les Laris à Brazzaville et les Vilis à Pointe-Noire, le long de la côte atlantique.

Le deuxième groupe sont les Tékés qui vivent au nord de Brazzaville (16% de la population).

Les MBochis vivent dans le centre et à Brazzaville et forment 12% de la population.

Les Pygmées représentent 2% de la population du Congo.

En 2015, environ 10.000 européens et d'autres africains vivaient au Congo. Seulement environ 200 à 400 expatriés américains résident au Congo.

Le peuple de la République du Congo est en grande partie catholiques (45%) et protestants (25%).

Les adeptes de l'islam représentent 2%, ce qui est principalement attribuable à un afflux de travailleurs étrangers d'origine d'Afrique de l'Ouest ou des pays musulmans arabes.

Santé en République du Congo

Selon une enquête de 2012, le taux de fécondité était de 5 enfants par femme, avec 4 dans les zones urbaines et 6 dans les zones rurales. Les dépenses de la santé publique occupent 10% du PIB en 2010.

À partir de 2012, la prévalence du VIH/SIDA était de 2,8% chez les personnes de 15 à 49 ans.

Une grande partie de la population est toujours sous-alimentée en République du Congo.

Il y a 30 médecins pour 100.000 personnes en 2015.

En 2010, le taux de mortalité maternelle était de 560 décès pour 100.000 naissances et le taux de mortalité infantile était de 59,34 décès pour 1.000 naissances.

L'éducation en République du Congo

L'éducation publique est théoriquement gratuite et obligatoire pour les moins de 16 ans, mais dans la pratique, les frais existent.

Le pays possède une seule Université Publique à Brazzaville, l'université Marien Ngouabi. Le gouvernement a promis la constitution de l'université Denis Sassou Nguesso à Kintélé, une petite ville située au Nord de la capitale Brazzaville.

Les élèves qui terminent six ans d'école primaire et sept années d'études secondaires obtiennent un baccalauréat.

A l'université, les étudiants peuvent obtenir un diplôme de Licence ou Bachelor en trois ans et une maîtrise ou Master après quatre ans. L'université Marien Ngouabi offre des cours en médecine, en droit et plusieurs autres domaines.

L'instruction à tous les niveaux est en français, et le système éducatif dans son ensemble ressemble au modèle du système français.

L'infrastructure scolaire a été sérieusement reconstruite à la suite de crises politiques et économiques, mais ils manquent souvent des enseignants de qualité pour éduquer efficacement les congolais. Les familles inscrivent souvent leurs enfants dans les écoles privées dans le but d'obtenir un enseignement de qualité.

Notes et Références

La République populaire du Congo était un État marxiste-léniniste de 1970 à 1991. (page 11)

L'explorateur portugais Diego Cão a atteint l'embouchure du fleuve Congo en 1484. (page 12)

Les zones situées au nord du fleuve Congo sont devenues sous la souveraineté française en 1880 à la suite d'un traité entre Pierre de Brazza et le roi Makoko des Tékés. (page 13)

Les premiers habitants de la région étaient les pygmées Mbuti, dont la culture a été lentement remplacé par les tribus bantoues venant des régions du nord-ouest de l'Afrique, il y a environ 2000 ans... (page 20)

L'empire englobait une grande partie de l'actuel Angola, la République du Congo et la République démocratique du Congo. (page 21)

L'arrivée du christianisme dans le royaume a conduit le 3 mai 1491, au baptême du roi Nzinga Nkuwu... (page 22)

En 1665, la bataille d'Ambuila (ou bataille de Ulanga) était le résultat d'un conflit entre les Portugais, dirigé par le gouverneur André Vidal de Negreiros et le roi du Kongo, António I. (page 23)

À la suite de toutes ces guerres, le Royaume de Loango dans le nord avait obtenu son indépendance du Kongo. Ainsi, plusieurs nouveaux royaumes sont venus à l'existence. Permis lesquelles, le Royaume Téké, régnant sur une vaste zone englobant aujourd'hui Brazzaville et Kinshasa. (page 24)

Léopold II a obtenu le contrôle du royaume Kongo, par l'intermédiaire de sa Société Africaine Internationale et plus tard Société Internationale Congolaise, une organisation philanthropique qui avait embauché l'explorateur britannique Henry Morton Stanley, sur la majorité du territoire du bassin du Congo. (page 25)

Partant de la côte de l'océan Atlantique de l'actuel Gabon via les fleuves Ogooué et Léfini, Pierre Savorgnan de Brazza est arrivé en 1880 dans le Royaume Téké où il a signé le traité avec le roi

Makoko, le 10 Septembre 1880, établissant le contrôle français sur la région… (page 26)

La Conférence de Brazzaville de 1944 a conduit à l'abolition du travail forcé et à la formation du code de l'indigénat… (page 31)

La Conférence de Brazzaville de 1944 annonçait une période de réforme majeure pour la politique coloniale française. (page 14)

La République du Congo a reçu son indépendance de la France le 15 Août 1960. (page 15)

André Matsoua peut être considéré comme le père du nationalisme congolais moderne. (page 32)

Le politicien congolais le plus important jusqu'en 1956 était Jean-Félix Tchicaya, qui était né à Libreville le 9 Novembre 1903 et qui était un membre de la famille royale du Royaume de Loango. (page 34)

Le 16 Février 1959, une révolte organisée par Opangault et son MSA a éclaté dans des affrontements le long des lignes tribales entre

Sudistes, soutenant Youlou, et les gens du Nord, fidèles au MSA. (page 36)

L'armée congolaise a pris en charge le pays et a brièvement installé un gouvernement provisoire civil dirigé par Alphonse Massamba-Débat. (page 39)

Le gouvernement Massamba-Débat a pris fin en Août 1968, lorsque le capitaine Marien Ngouabi et d'autres officiers de l'armée ont pris le pouvoir par un coup d'Etat sans effusion de sang. (page 40)

Marien Ngouabi, qui avait participé au coup d'Etat, a assumé la présidence le 31 Décembre 1968. (page 16)

Un an plus tard, le président Ngouabi a proclamé la République Populaire du Congo, première République Communiste d'Afrique et a annoncé la naissance du Parti Congolais du travail (PCT)…

Le 18 Mars 1977, le Président Ngouabi a été assassiné. Un certain nombre de personnes ont été accusés d'avoir tiré Ngouabi avant d'être jugés et exécutés, y compris l'ancien président Alphonse Massemba-Débat…

Un Comité Militaire du Parti (CMP) de 11 membres a été nommé à la tête d'un gouvernement intérimaire avec le colonel (plus tard Général) Joachim Yhombi-Opango comme Président de la République…

Le Comité central du PCT a ensuite désigné simultanément le vice-président et ministre de la Défense, le colonel Denis Sassou -Nguesso comme le Président par intérim. (page 41)

Sassou Nguesso avait concédé la défaite et le nouveau Président du Congo, le Professeur Pascal Lissouba, avait été élu le 31 Août 1992. (page 42)

Pascal Lissouba est devenu le premier président démocratiquement élu du Congo en 1992 au cours de la période du multipartisme… (page 17)

Le 5 Juin 1997, les forces gouvernementales ont encerclé la maison de Sassou Nguesso dans la section du quartier Mpila à Brazzaville, dans le but d'arrêter deux hommes, Pierre Aboya et Engobo Bonaventure… (page 43)

Des combats ont éclaté entre les forces gouvernementales et les combattants de Sassou Nguesso, appelé Cobras, déclenchant un conflit de 4 mois qui a détruit et endommagé une grande partie de Brazzaville....

L'Angola a soutenu Sassou Nguesso avec environ 1.000 soldats et des chars. Ensemble, ces forces ont pris Brazzaville et Pointe-Noire dans la matinée du 16 Octobre. Lissouba a fui la capitale... (page 44)

Sassou a remporté les élections en 2002 avec 90% des votes. Ses deux principaux rivaux, Lissouba et Bernard Kolelas, ont été empêchés d'entrer au Congo... (page 45)

Une nouvelle constitution a été approuvée en Janvier 2002, accordant au président des nouveaux pouvoirs et l'extension de son mandat à sept ans... (page 46)

Un référendum constitutionnel a eu lieu au Congo-Brazzaville le 25 Octobre 2015, dans le but de modifier la constitution de Janvier 2002 et les règles qui concerne les mandats présidentiels...

Raymond Mboulou, le ministre de l'Intérieur, a annoncé les résultats du référendum le 27 Octobre, indiquant que la proposition visant à modifier la constitution a été massivement approuvé par les électeurs, avec 92,96% de OUI. (page 52)

La nouvelle constitution a été officiellement promulguée par le Président Sassou Nguesso, le 6 Novembre 2015...

Plusieurs réfugiés avaient traversé le fleuve Congo pour la ville voisine de Kinshasa. À la fin des combats de 1997, beaucoup ont tenté de rentrer chez eux, lorsque la communauté internationale a appris qu'ils avaient été portés disparu. (page 191)

Sur le plan international, le régime de Sassou a été frappé par les révélations de corruption, malgré les tentatives de les censurer. Une enquête française a trouvé plus de 110 comptes bancaires et des dizaines de propriétés somptueuses en France... (page 195)

Les élections présidentielles tenus en mars 2016 ont finalement été remporté par Denis Sassou

Nguesso, avec plus de 70% des voix et un taux de participation dépassant 60%. (page 196)

Le 30 Décembre 2010, le Parlement congolais avait adopté une loi pour la promotion et la protection des droits des peuples autochtones. (page 197)

En 2015, le secteur pétrolier a représenté 80% du PIB, soit 85% des recettes publiques et 92% des exportations. Le pays a aussi une grande richesse minérale inexploitée. (page 200)

Le gaz naturel et les diamants sont aussi des récentes sources d'exportations. Bien que le Congo ait été exclu du Processus de Kimberley en 2004, la plupart de ses exportations de diamants étaient en fait vendus clandestinement… (page 201)

Le Congo a été réadmis dans le Processus de Kimberley en 2007. (page 202)

Le pays est membre de l'Organisation pour l'Harmonisation du Droit des Affaires en Afrique (OHADA)…

Les Bakongos sont le plus grand groupe ethnique et forme plus de la moitié de la population (70%). (page 203)

Les Pygmées représentent 2% de la population du Congo.

À partir de 2012, la prévalence du VIH/SIDA était de 2,8% chez les personnes de 15 à 49 ans. (page 205)

Le pays possède une seule Université Publique à Brazzaville, l'université Marien Ngouabi. Le gouvernement a promis la constitution de l'université Denis Sassou Nguesso à Kintélé… (page 205)

www.ingramcontent.com/pod-product-compliance
Lightning Source LLC
Chambersburg PA
CBHW022007160426
43197CB00007B/321